Wilhelm von Willisen

Über große Landesverteidigung oder über Festungsbau und

Heerbildung in Preußen

Wilhelm von Willisen

Über große Landesverteidigung oder über Festungsbau und Heerbildung in Preußen

ISBN/EAN: 9783743446786

Hergestellt in Europa, USA, Kanada, Australien, Japan

Cover: Foto ©ninafisch / pixelio.de

Manufactured and distributed by brebook publishing software (www.brebook.com)

Wilhelm von Willisen

Über große Landesverteidigung oder über Festungsbau und

Heerbildung in Preußen

Ueber

große Landes-Vertheidigung

oder

Festungsbau und Heerbildung

in Preußen.

Von dem Verfasser der Theorie des großen Krieges.

Halbe Theorie führt von der Wahrheit ab,
Ganze führt zu ihr zurück.

Novalis.

Berlin.

Verlag von Duncker und Humblot.

1860.

Ueber

große Landes-Vertheidigung

ober

über Festungsbau und Heer-Bildung

in Preußen

von

dem Verfasser der Theorie des großen Krieges.

> Halbe Theorie führt von der Wahrheit ab.
> Ganze führt zu ihr zurück.
> Novalis.

Berlin.
Bei Duncker und Humblot.
1860.

Vorwort.

Wie es leicht zu erkennen sein wird, hatten diese Blät=
ter ursprünglich nicht die Absicht, für sich allein zu er=
scheinen. Erst als sie unter der Feder so anwuchsen, daß
sie den Raum einer kritischen Abhandlung für eine Zeit=
schrift, wozu sie bestimmt waren, weit zu überschreiten
drohten, und besonders als es zuletzt zweckmäßig erschien,
auch der Organisation der lebendigen Vertheidigungskräfte
zu gedenken, welche den todten erst ihre Bedeutung ge=
ben, und so ein Ganzes über große Landesvertheidigung
zu liefern, da erst entstand der Gedanke, sie für sich allein
auftreten zu lassen. Wären sie gleich in dieser Absicht
geschrieben worden, so würden sie auch eine ganz andere
Gestalt erhalten haben, die ihnen freilich auch später leicht
zu geben gewesen wäre und auch wohl gegeben worden
sein würde, wäre es mehr darauf angekommen, eine streng
wissenschaftliche Arbeit zu liefern, als vielmehr darauf,
eine Reihe der wichtigsten, unmittelbar auf das Praktische

*

gerichteten Fragen aus dem so wichtigen Gebiete der großen
Landesvertheidigung anzuregen und zum Austrage bringen
zu helfen. Für diesen Zweck aber schien sogar die le-
bendigere Form der kritischen Beleuchtung einer jenem
großen Gegenstande gewidmeten Schrift passender. Die
Frage, welche diese aufwirft, ob und wie die Hauptstadt
Berlin befestigt werden solle, weckt überall gleich das volle
Interesse. Die Anwendung einer der wichtigsten Abschnitte
jeder wahrhaft wissenschaftlichen Lehre des großen Krieges
auf eine große specielle Frage erhält nothwendig die Theilnahme fortwährend aufrecht, wogegen eine blos theoretische
Entwickelung ihrer nothwendig strengen Form wegen an-
fangs wenigstens auf Viele leicht ermüdend wirkt, die
dann mit Hast und, wenn mit dem Gegenstande vertraut, auch mit Recht zu der Anwendung auf praktische
Fragen eilen, um welche es sich doch für sie immer allein
handelt. So erscheint es mithin am Ende wie eine Art
Begünstigung für Beide, für den Autor wie für den Leser, daß eine äußere Veranlassung sich geboten, die dazu
geführt hat, wie mit einem Sprunge sich plötzlich mitten in die wichtigsten praktischen Aufgaben hinein versetzt
zu sehen, um dann erst von da aus den Faden zu suchen,
der zur wissenschaftlichen Lösung der Aufgabe führen kann.
Ein solcher analytischer Gang findet fast immer leichter
und dauernder die Theilnahme des Lesers. Möge dies
der kleinen Schrift hier so geschehen. Ihr nächster Zweck:

anzuregen und die Gründe zur Entscheidung der großen Fragen nach allen Seiten hin möglichst spruchreif darlegen zu helfen, ist dann wenigstens sicher erreicht. Mehr aber als das könnte nur eine Autor‑Ueberhebung wollen, von der wir uns um so mehr frei fühlen, als überhaupt nur eine Art Zufall uns veranlaßt hat, so spät am Tage noch einmal das Wort zu ergreifen, um über Dinge zu sprechen, woran die Theilnahme in der tiefen ländlichen Zurückgezogenheit, in der ich nun schon seit Jahren schwelge, völlig entschlafen schien. Nach mannichfachen Erlebnissen der bittersten Art hatte ich mich fast mit einer Art Widerwillen gegen alles öffentliche Hervortreten so ganz in mich und auf mich zurückgezogen, daß ich kaum befürchtete, jemals wieder hervorzutreten.

Als mir aber der Zufall jene Schrift, deren Besprechung es hier zunächst gilt: „Das preußische Landes‑Vertheidigungs‑System und die Befestigung von Berlin" in die Hände führte, erging es mir beim Lesen derselben sehr wunderlich; ich hörte reden, als bespräche Einer alte entschlafene Lieblingsgedanken von mir, in denen ich mich nur nicht gleich wieder zurechtfinden konnte. Es war mir zuweilen, als hörte ich mich selber; dann aber war es doch auch plötzlich wieder ganz anders, ich las wohl das gerade Gegentheil von dem, was ich über die Dinge, welche besprochen wurden, gedacht hatte. So

verfiel ich auf den Gedanken, der mir schon öfter gehol=
fen aus ähnlicher Verwirrung herauszukommen, dem Bü=
chelchen mit der Feder in der Hand nachzugehen, um
das, was mir richtig zu sein schien, zu trennen von
dem, was mir nicht so vorkam, und so Beides dicht ne=
ben einander zu stellen, die Uebersicht und das Urtheil zu
erleichtern.

Während dieser Arbeit nun geschah mir was einem
wohl begegnet, wenn man sich plötzlich wieder einer alten
Liebe gegenüber befindet; die alte Leidenschaft erwacht wie
mit einem Zauberschlage, alle Gedanken und Empfindun=
gen kehren mit um so größerer Lebhaftigkeit zu ihr zu=
rück je tiefer sie eingeschlagen waren. Und wie dann in
solchem Falle selbst die breiteste und weiteste Erörterung
ungenügend erscheint und wortkarg, so erging es auch
mir. Am Schlusse alles dessen was ich über den In=
halt des Buches niedergeschrieben, kam es mir sehr un=
genügend vor; es schien mir, als habe ich unter den
Folgen des Erwachens einer alten Leidenschaft auch bei
dieser Arbeit gelitten. Vieles von dem, was ich wohl
hätte sagen sollen, war nicht gesagt und manches dagegen
wohl wiederholt oder zu breit. Das Ganze schien mir
an einer gewissen Zerfahrenheit, an einem Mangel an
logischer Ordnung und Folge zu leiden, an Fehlern
also, denen ich sonst am wenigsten bezüchtigt worden bin.
Genauer zugesehen hat das freilich wohl die Entstehungs=

art der Arbeit und ihr erster Zweck, der ein blos kriti-
scher war, verschuldet, der mich der Schrift, der es galt,
auf ihrem etwas unlogischen, zerfahrenen Wege Schritt
vor Schritt folgen ließ.

Wenn ich nun dennoch die Arbeit so biete, wie sie
ist, mit den Mängeln behaftet, die ihr so angeflogen
sind, so geschieht es, weil andrerseits grade diese Form,
welche mehr die eines Gesprächs, als die einer streng
wissenschaftlichen Abhandlung ist, den meisten Lesern die
erwünschtere sein wird; sie führt mehr als jene gleich
mitten in das lebendige Interesse des Tages, in das
praktische Bedürfniß hinein, worauf es doch auch in dieser Sache vorzüglich abgesehen sein muß.

Zuletzt aber sind einige Versuche der Behandlung
des Gegenstandes eine strengere wissenschaftliche Form
zu geben fast nothwendig in nichts anderes verlaufen,
als in eine Art Wiederholung des Ganges, welchen die
Entwickelung des großen Gegenstandes, der hier besprochen werden sollte, in der Theorie des großen Krieges
eingeschlagen hat, auf die es mithin besser schien überall
zurück zu verweisen. So ist nun diese Abhandlung als
ein praktischer Cursus zu einem Theile der Theorie anzusehen, wie dort im Buche selber die Behandlung eini-
ger Feldzüge zu dem Theile des Ganzen, welcher den
Krieg im offnen Felde behandelt.

Günstige Leser werden sie gern so nehmen, und wer

schriebe für die ungünstigen. Die Theorie des großen
Krieges hat es auch nicht gethan, hat sich um die un=
freundlichen Widersacher nie bekümmert und ist sehr gut
dabei gefahren. Möge es diesen Blättern eben so gehen,
sie werden sich ebenso der Freunde freuen und die
Gegner nur beachten, wenn sie es um der Wahrheit
willen sind.

A. Der Festungsbau.

Aus einer ganzen Reihe von Schriften, welche die große Frage der Landesbefestigung zum Gegenstande ihrer Erörterung gemacht haben, greifen wir: „Das preußische Landesvertheidigungs-System und die Befestigung von Berlin, Verlag von Julius Springer, Berlin", heraus, um den wichtigen Gegenstand einer eingehenden Prüfung zu unterwerfen. Wir wählen sie aber, weil sie uns, trotz des Widerspruchs zu dem sie uns häufig herausfordert, als die beste von allen erscheint, die uns zu Gesicht gekommen. Es handelt sich hier aber fast um eine Existenzfrage, denn es handelt sich darum, die rechten Mittel an die rechten Stellen zu bringen, welche zur Zeit etwaiger Noth den lebendigen Streitkräften im Angriff wie in der Vertheidigung diejenige Unterstützung gewähren sollen, ohne welche sie nie das leisten können, was von ihnen gefordert wird. Energie des Angriffs und Festigkeit in der Vertheidigung hängen wesentlich von der fortifikatorischen Unterlage ab, welche sie finden; in ihr liegt vorzugsweise das Basirtsein, was von allen, zu allen Zeiten, für alle Unternehmungen des großen Krieges unter diesem oder jenem Namen

1

gefordert worden ist und gefordert werden wird. So lange es wahr bleibt, daß kein Angriff, wenn er nicht durch die entschiedenste Ueberlegenheit auf dem Schlachtfelde jede Rücksicht auf die eigene Sicherheit bei Seite setzen, sich der Sorge für seine freie Verbindung entschlagen darf, so lange wird es auch wahr bleiben, daß er seiner fortifikatorischen Unterlage nicht entbehren kann. Wie aber erst die Vertheidigung, die ja eben Vertheidigung ist, weil sie sich nicht mehr stark genug fühlt zum Angriff, deshalb nach Verstärkungsmitteln sucht, und diese nur in solchen Dingen finden kann, welche dem Angriffe nicht zu Gebote stehen d. h. im Terrain und in der Fortifikation. Daß also zur Zeit des Unglücks oder einem überlegenen Angriffe gegenüber die Möglichkeit eines erfolgreichen Widerstandes nur in einem wohl durchdachten Befestigungssysteme liegt, darüber giebt es unter den Kundigen schon lange keinen Streit mehr, und wenn noch gestritten wird, so handelt es sich nicht um das Ob, sondern allein um das Wo und Wie, und das ist denn auch das Thema, welches die Schrift behandelt, von der wir hier sprechen wollen.

Von unserm Standpunkte aus hätten wir hierzu aber wohl eine kurze Einleitung erwartet, welche die Grundsätze entwickelt hätte, aus welchen die Bedürfnisse der Vertheidigung von der Fortifikation her sich ergeben, denn nur von einer theoretischen Unterlage aus ist für den angewandten Theil einer Wissenschaft ein unbestreitbares Ergebniß zu gewinnen. Daß aber ein System der großen fortifikatorischen Landes-Vertheidigung eines ganzen großen Reiches sich nicht ohne eine bis auf den wissenschaftlichen Grund der großen Kriegführung zurückgehende Erörterung klar entwickeln läßt, wird gleich von vornherein deutlich, so wie nur die ersten Fragen gestellt sind, wie sie sich doch jedem Versuche etwas Genügendes darüber auszusagen sofort aufdrängen.

Unser Verfasser hat das verschmäht und geht seinem Gegenstande in seiner ganzen nackten Realität gleich auf eine Weise entgegen, als existirten die theoretischen Fragen entweder nicht oder als betrachte er sie wie geschlichtet.

Alle die großen Fragen über direkte oder indirekte, excentrische oder concentrische, zersplitterte oder concentrirte Vertheidigung, über Sperren und Beherrschen von Fluß- und Gebirgslinien und wie sie sonst heißen mögen, werden nur angedeutet und im Laufe der Erörterung des Einzelnen fast wie bekannt und entschieden vorausgesetzt.

Solche Auslassung kann im guten Falle ohne schlimme Folgen auf das Ergebniß der Abhandlung sein, nimmt aber der ganzen Arbeit nicht nur einen Theil ihres Werthes, sondern giebt ihren Urtheilen gar zu leicht den Charakter bloßer Willführ und erzeugt nicht jene Gewalt der Ueberzeugung, der man sich nicht entziehen kann, und auf die es namentlich da, wo man wirken will, doch abgesehen sein muß.

Die Schrift beginnt statt mit einer solchen Einleitung gleich mit einem Abschnitte, welchen sie etwas barbarisch, „militärische Konsequenzen der Lage und Beschaffenheit des preußischen Territoriums," überschreibt. Hier aber wird die schwierige Lage des Staats richtig damit bezeichnet, daß er, obschon der Kleinste unter den Großen dennoch am bedenklichsten gelegen sei, da er mit allen anderen großen Mächten Europas in unmittelbarer Berührung ist, während alle die anderen nur eine oder höchstens zwei zu Nachbarn haben. Gefahr ist hier allerdings vorhanden, aber wenn solche Lage einerseits häufiger Verwickelungen herbeiführen kann, so hat sie auch wieder den

Vortheil, schnellere Hülfe erwarten zu dürfen, wenn, wie es doch kaum je anders geschehen wird, der eine der Nachbarn mein Freund ist, wo der andere oder die anderen Gegner sind. Unser Verfasser sieht in allen Nachbarn aber nur Feinde und zwar immer übermächtige und vereinte, was ihn denn hauptsächlich zu seinem Ausspruch bringt, welcher den Kern der ganzen Arbeit bildet, nämlich zu dem, Berlin muß befestigt werden, und auf den er denn auch mit der Beharrlichkeit des Cato in seinem caeterum censeo, bei jeder Gelegenheit wieder zurückkommt.

Wenn wir aber auch der Behauptung der ungünstigen allgemeinen Lage selbst wie sie bei so vielen mächtigen Nachbarn gegeben ist, nicht widersprechen wollen, so müssen wir es doch dann thun, wenn von der Gestaltung der Gränzen im Einzelnen die Rede ist, und wo da gleich am Anfange behauptet wird, daß „auch in Hinsicht auf die Formation des Terrains, als offene große, nur von wenigen Stromlinien erster Classe oder sonstigen Barrieren durchschnittene Ebene die Vertheidigung nicht im hohen Maße begünstigt werde." Wir haben vielmehr die Ueberzeugung, daß kein Land von den Terrain-Verhältnissen für eine energische Vertheidigung so begünstigt ist wie Preußen, und berufen uns hierbei auf die Ausführungen in der Theorie des großen Krieges, welche der Schluß, Seite 203, zu der Behauptung zusammenfaßt, daß grade in Preußen sich so vortreffliche Elemente durch die Natur zur Ausführung eines großen fortifikatorischen Landesvertheidigungs-Systems gegeben fänden, wie nirgends sonst wo.

Wenn unser Verfasser nun aber, um seine Behauptung zu erweisen, vorzugsweise den Theil des Staates heranzieht, welchen er den Mittelraum nennt, den zwischen der Elbe und Oder,

von dem er etwas unverständlich sagt, daß sich da keine einzige,
ein Hinderniß ersten Ranges bietende Vertheidigungs-Linie vor-
finde, der von der Natur der Stempel der großen strategischen
Basen, wie wir sie anderswo antreffen, aufgedrückt wäre, so
können wir kaum anders als in solcher Behauptung ein völli-
ges Uebersehen der wesentlichsten aller strategischen Wirkungen
der großen Vertheidigung erblicken, auf welche die Theorie bei
jeder Gelegenheit hinweist, der indirekten nämlich, oder wie sie
auch sonst genannt wird der offensiv auf einer Sehne ausbiegenden, von welcher die Theorie sogar behauptet, daß sie insofern besser sei, als eine direkte auf den Radien, weil sie sich
einmal länger an den Gränzen halte und also mehr Land vertheidige, und dann, was die Hauptsache sei, weil sie stets eine
offensive Tendenz habe, an sich also schon wie ein erster Schritt
zur Rückkehr in den Angriff zu betrachten sei. Oder ist es
vielleicht nicht wahr, daß eine preuß. Armee im Besitze Dres-
dens, wie es uns wohl bei jeder Gelegenheit gehören wird,
den Weg von Zittau nach Berlin gegen eine östr. Armee so
lange vollkommen wirksam vertheidigt, als sie noch im Stande
ist, gegen den Feind hervorzubrechen, der es etwa gewagt hätte,
nach Art der Russen vor Warschau 1831, einen Theil seiner
Kräfte vor Dresden stehen zu lassen, und mit seiner Hauptarmee die Richtung auf Berlin einzuschlagen? Müßte er also
nicht vielmehr mit seiner Hauptarmee vor Dresden stehen bleiben, so daß er nur den etwanigen Ueberschuß seiner Kräfte zu
einer Entsendung verwenden könnte, und stellte sich nicht dann
die Lage für eine preuß. Armee in so weit wieder her, als das
Uebergewicht der Kräfte des Gegners ihr gegenüber durch jene
Entsendung aufhörte?

Finden aber dieselben Verhältnisse, wenn auch wegen der

größeren Nähe an Berlin und der geringeren Bedeutung des Ortes, auch nur in geringem Maße nicht ebenso bei Torgau Statt, ja selbst noch bei Wittenberg? Alles natürlich in der Voraussetzung, daß die Stärke-Verhältnisse von der Art sind, daß sie wenigstens dem Angriffe auf den bedeutend geschwäch= ten Gegner einen Erfolg versprechen, eine Voraussetzung aber, unter der allein noch von einer wirksamen Vertheidigung die Rede sein kann. Sind die Verhältnisse nicht einmal von die= ser Art, ist alles Gleichgewicht so aufgehoben, daß selbst das Hinzutreten der nur defensiven Kräfte es nicht wiederherstellen kann, dann kann nur davon die Rede sein, entweder durch einen auf bessere Verhältnisse hinaussehenden Frieden sich der gegenwärtigen Gefahr zu entziehen oder mit dem Schwert in der Hand einen ehrenvollen Untergang zu suchen.

Sehen wir aber die eben besprochenen Verhältnisse sich auf der entgegengesetzten Seite wiederholen, wo schon die Lage von Görlitz, auch wenn sie nur durch starke Feldbefestigungen verstärkt würde, eine Stellung bietet, welche auch einem sehr überlegenen Feinde trotzen könnte, wo dann der Queis und der Bober folgt und von wo das leider noch immer entblößte Breslau oder doch Glogau weiter ausbiegende, excentrische Rückzüge böten, welche also alle Berlin indirekt decken, und wenn wir dann sagen müssen, daß eine klare Anschauung des großen Krieges, auch wenn sie es versäumt hätte, durch eine richtige Einleitung des Feldzugs das Kriegstheater gleich An= fangs nach Mähren zu verlegen, doch immer eine dieser excen= trischen Richtungen für die Vertheidigung der Hauptstadt wäh= len wird, so müssen wir von vorne herein sagen, daß die Gefahr für die Hauptstadt Berlin auch auf diesem allerdings am mei= sten bloß gestellten Kriegstheater sich auf die einer mehr oder weniger starken Entsendung einer überschießenden Kraft des Gegners zurückführt, von der er aber sicher so lange keinen Gebrauch machen wird, als er sich dadurch einer Niederlage seiner Hauptarmee aussetzte, was schon geschähe, wenn er auch nur den größten Theil seiner überschießenden Kraft dazu verwendete, und also nur mit einer so geringen Uebermacht mir gegenüber stehen bliebe, daß sie am Tage der Schlacht leicht ohne Bedeutung sein könnte.

Diese ganze Betrachtung führt also vielmehr dazu, es für unser mittleres Kriegstheater weit mehr zu beklagen, daß nicht Dresden und Breslau Festungen sind, welche einer excentrischen Vertheidigung Berlins zur Unterlage dienen könnten, als daß Berlin einer Befestigung entbehrt. Denn wenn wir den Ueberschuß an Kräften, welcher unserem Gegner im mittleren Kriegstheater zu einer Unternehmung gegen Berlin zu Gebote stehen könnte, etwas genauer prüfen, so kann ihm keine billige Voraussetzung eine Höhe geben, der nicht schon die Kräfte gewachsen wären, welche Berlin als Hauptstadt immer bereit haben wird. Es ist ja nothwendig der Sammelpunkt für Ersatz-Bataillone und Reserve-Truppen, die im Verein mit seinen eignen und nächsten Kräften vollständig jeden solcher Unternehmungen gewachsen sein würden. Unsere allgemeine Dienstpflicht birgt außerdem stets für Fälle äußerster Noth immer noch eine zweite Armee im Lande, die plötzlich wie aus der Erde gestampft dem Feinde entgegen treten würde.

Sehen wir uns aber nun für ein solches Bedürfniß dennoch nach einer fortifikatorischen Unterstützung in dem bezeichneten Abschnitt um, so drängen sich schon weit vor Berlin zwei Terrain-Bildungen auf, welche den Zweck, es direkt gegen dergleichen Unternehmungen zu decken, sehr gut zu erfüllen ver-

sprechen, der Spreewald nämlich und weiter rückwärts die
Nuthe- und Nottelinie, und versetzen wir uns nun ganz und
gar in das wirkliche und wahrscheinliche Verhältniß und frägen
uns, ob, wenn also z. B. die preuß. Hauptarmee hinter der
Elbe und hinter einem verbesserten Torgau am linken Elbufer
stände, Berlin nicht vollständig gedeckt wäre, wenn ein Korps
von 15—20,000 Mann, welches aus Ersatz- und Besatzungs-
Truppen schnell gebildet auf der niederschlesischen Eisenbahn
dahin gesendet am Spreewalde, Lübben und Peitz nur mäßig
als Manövrirpunkte und mit 2 Brückenköpfen befestigt fände?
Würde sich eine feindliche Entsendung gegen Berlin hier vor-
beiwagen? Wir denken, auf keine Weise. Gewiß aber unter
keinen Umständen, wenn die mit wenigen Mitteln sehr stark
zu machende Linie der Nuthe und Notte sich in zweiter Linie
fände. Wir glauben, daß gegen solche direkte Schließung der
Zugänge selbst ein Ueberschuß der feindlichen Kräfte von
60,000 Mann es nicht wagen würde gegen Berlin vorzudrin-
gen; und wir glauben, daß selbst die ausschweifendsten Voraussetzungen nicht so weit gehen werden, Oesterreich allein je eine
solche Ueberlegenheit gegen uns zuzugeben.

Gehen wir aber noch einmal auf die Behauptungen unseres Verf.'s zurück und hören wie er sein Verlangen, Berlin
großartig befestigt zu sehen, vorzugsweise darauf stützt, daß sich,
wie er sagt, in dem Mittelraume Preußens d. h. innerhalb
des ganzen Staatsgebiets mit Ausschluß der Rheinprovinz und
der Provinz Preußen keine einzige an und für sich ein Hinderniß ersten Ranges bietende Vertheidigungslinie finde, der von
der Natur der Stempel der großen strategischen Basen aufgedrückt wäre, und halten wir uns, ohne uns an die etwas un-
klare Ausdrucksweise dieser Behauptung zu stoßen, an das was

der Satz etwa einfach ausdrücken soll, so heißt das so viel als,
es laufe kein großer Strom, keine große Gebirgskette von Osten
nach Westen, welche hier den graden Zugang nach Berlin
decken; das heißt aber kriegswissenschaftlich so viel, als die
Wirksamkeit der excentrischen, indirekten, strategischen Vertei-
digung gänzlich läugnen, während doch nichts einfacher ist, als
daß jede wirksame Vertheidigung nur eine excentrische sein kann,
weil auch jede direkte sich sofort in eine excentrische oder indirekte verwandelt, so wie von der eigentlichen Aufgabe der
Vertheidigung die Rede ist, die doch keine andere sein kann,
als die, eine längere Gränzentwickelung oder eine längere Linie
und das dahinter liegende Land gegen feindliche Besetzung zu
schützen. Daß aber solche Linien; und wären es große Ströme,
wie der Rhein und die Donau oder Gebirge wie die Alpen,
nicht an allen Punkten, welche einem Feinde ihr Ueberschreiten
möglich machen, zu schützen sind, das gehört zu den einfachsten
und unbestrittendsten Grundsätzen der höheren Kriegskunst. Ist
dem aber so, dann bieten auch Sehnenlinien keine Vertheidigung mehr, so bald sie an einem Punkte vom Feinde über-
schritten sind, denn sie bieten ja dann auch keine direkte Vertheidigung mehr, der Weg tiefer ins Land steht weit und breit
offen. Wenn eine französische Armee den Oberrhein überschrit-
ten hat, so giebt es für solche Ansicht bis zur Elbe hin keine
schützende Barriere mehr, was sich denn auch an mehr als
einer Stelle der Schrift wirklich ausgesprochen findet. Ist es
aber so, daß Berlin gegen Süden nicht geschützt ist, weil kein
Hinderniß quer vor liegt, so schützt auch die Donau Wien
nicht und der Mittelrhein nicht den Niederrhein. Schützen
aber solche Linien, wenn sie durch die Fortifikation nach den
Grundsätzen der Theorie zur Unterstützung der großen Verthei-

digung vorgerichtet sind, in Verbindung mit den lebendigen Streitkräften, das tiefer hinein liegende Land, schützt eine deutsche Armee an der Festungsgruppe Rastadt-Germersheim-Landau ganz Oberdeutschland östlich des Schwarzwaldes, schützt Ulm Bayern und Oesterreich, schützt Mainz den Main und Niederdeutschland, nun so schützt auch Dresden, Torgau oder Breslau und Glogau Berlin. Liese aber, um dem Verlangen unseres Verf.'s nachzukommen, ein großer Fluß als Barriere für Berlin in der Richtung des Spreewaldes, wäre Berlin dann besser gedeckt? und wenn es dadurch zu decken wäre, wäre es nicht immer wieder nur durch eine excentrische Vertheidigung? oder wäre es keine solche, wenn eine deutsche Armee gegen eine französische, welche von der Iller gegen den Lech hin vordringen wollte, sich bei Ulm hält und so den Feind vor sich fest bannt oder ihn durch eine Bewegung in seinem Rücken zurückruft. Die Theorie zeigt, §§. 12. und 13. der Vertheidigung, wie auch die Vertheidigung auf Radius-linien nur scheinbar eine direkte ist, und da wo sie wirksam werden soll, sich sofort zur indirekten umgestaltet; indirekt aber heißt nichts anderes als excentrisch concentrirt. Wenn nun aber sich in solcher ausbiegenden Richtung noch ein großer Strom findet, der in Verbindung mit der Fortifikation der Vertheidigung den größten Schutz leiht, den sie finden kann, ist dann Berlin durch die Elbe, wie sie fließt, nicht besser gegen Süden vertheidigt, als wenn sie von Osten nach Westen flösse und sich also quer vorlegte? Wir denken allerdings und weichen also hier wesentlich von unserm Verf. ab. Die Frage, die zu erörtern bliebe, wäre also nur die, ob es besser sei, die Vertheidigung, die hier eintreten soll, auf Schlesien und die Oder oder auf die Elbe zu basiren. Wenn Dresden in un-

feren Händen und eine Festung wäre sicher auf die Elbe, weil
hier auch Schlesien indirekt geschützt würde, sonst aber auf
Schlesien, schon weil es eine mehr offensive Lage hat, was
immer eine wesentliche Sache ist. Daß hier aber Breslau als
große Festung noch immer fehlt, ist ein Hauptgegenstand unserer Klage, das ist unser caeterum censeo.

Wenn es dem Verf. nun aber von unserer schwächsten
Gränze her nicht gelingt uns von der Nothwendigkeit einer
großartigen Befestigung Berlins zu überzeugen, so möchte es
für die anderen noch viel weniger der Fall sein, um so weniger als er uns selbst alle die Gründe an die Hand giebt,
welche dagegen sprechen. Er sagt uns selbst, daß, wie denn
überhaupt Berlin das Glück habe, fast ganz genau in der Mitte
des Reiches zu liegen, es nach Osten und nach Westen so weit
von den Gränzen entfernt sei, wie sonst keine Hauptstadt des
westlichen und mittleren Europa's, und daß hier in diesen
Richtungen zugleich die einzigen Stromlinien von Bedeutung
liegen, welche an und für sich schon d. h. ohne die Verbindung
mit der Fortifikation vermöge der ihnen von Natur innewoh-
nenden Stärke des absoluten und unbedingten Vertheidigungs-
vermögens als naturgegebene Vertheidigungsfronten ersten Ranges angesehen werden können; die Weichsel und der Rhein
nämlich. Als wir diesen Satz gelesen, dessen einfachem Sinn
wir auf jede Weise beipflichten, dachten wir erst, nun da wird
doch von den Seiten her die Befestigung Berlins im großen
Style entbehrlich erscheinen; dem aber ist nicht so, wir erfahren gleich, „daß der Werth dieser günstigen Umstände durch
andere Verhältnisse so bedeutend geschmälert wird, daß auch
von diesen Seiten her eine Befestigung Berlins geboten sei.“
Wir erfahren, „daß der herrliche Rheinstrom nur auf kurze

Strecken in unseren und in seinem obersten und untersten Laufe selbst nicht in deutschen Händen sei. Sein Mündungsgebiet und damit die reichlichsten, weil verhältnißmäßig leichtesten Uebergänge, fallen außerhalb des vaterländischen Gebiets und am Oberrhein besitzt Frankreich das linke Rheinufer x." Es sind das aber lauter Sätze, gegen deren Bedeutung für das, was sie beweisen sollen, ja gegen deren Richtigkeit sogar wir entschiedenen Protest einlegen. Zuerst lehrt ein Blick auf die Karte, daß der Rhein nicht nur auf kurzen Strecken in unseren Händen ist, sondern auf dem bei weitem längsten Theile seines Laufes, jedenfalls aber auf dem wichtigsten und daß er an diesem mit den stärksten und besten fortifikatorischen Verstär- kungsmitteln wie bespickt ist; Mittel, die uns den Strom über- all auf das entschiedenste beherrschen lassen, was bekanntlich der einzige feste Platz von Bedeutung, welchen Frankreich an ihm besitzt, nicht leistet; Straßburg beherrscht nicht den Rhein, Kehl verschließt es direkt, Rastadt und Germersheim indirekt, und der Besitz des Rheins mit dem linken Ufer bis Trier zehnmal mehr als das. Von Holland aus aber eine Invasion Deutschlands zu befürchten, ist für uns auch ohne die riesen- hafte Befestigung des Stroms, wie wir sie geschaffen haben, eine so alles Maaß überschreitende politisch-militärische Voraus- setzung, daß wir sie in das Reich der willkürlichsten Träume verweisen, auf die doch große Staaten nicht große Maaßregeln entwerfen können. Wir halten die Rheingränze vielmehr, selbst auch ohne eine Verbindung mit Deutschland, die uns doch nie fehlen wird, wenn nicht alles, was sich von öffentlichem Sinn in Deutschland regt, eine elende Lüge ist, für so stark, daß es uns fast wie eine Beleidigung des deutschen Geistes vorkommt, von dieser Seite her auch nur an die Möglichkeit einer Gefahr

für Berlin zu denken. Es geht unserm Verf. hier so, daß
man sich nicht erwehren kann, das bekannte: wer zu viel be=
weisen will, beweist oft das Gegentheil von dem, was er be=
weisen wollte, auf ihn anzuwenden. Wir sind auch nicht ein=
mal der Meinung des Verf.'s über die Weser und ihre Be=
deutungslosigkeit, halten vielmehr bei Stärke=Verhältnissen,
welche überhaupt noch einen fortgesetzten Kampf möglich er=
scheinen lassen, die Lage von Minden in Verbindung mit Rin=
teln und dem vor= und seitwärts liegenden schwierigen Lande
für so stark, daß es wohl geeignet ist, einer nicht zu entschei=
denden Ueberlegenheit ein sicheres Halt zuzurufen, wie es der
siebenjährige Krieg auch geschichtlich erweist. Alle Verhältnisse,
positive wie negative, sind aber in dem heutigen Europa so
entschieden andere, daß wir die Wiederkehr von Verhältnissen,
wie sie die Revolutionskriege herbeigeführt haben, für so gut
wie völlig unmöglich ansehen. Wir lassen uns also auch nicht
von den Furchtsamen oder Uebervorsichtigen einschüchtern mit
ihren Reden, „was gewesen sei, könne auch wieder kommen
und behaupten vielmehr, was gewesen ist, kommt nie wieder,
eben weil es gewesen; der Gang der Geschichte zeigt das.
Alle Gründe also, welche man für eine Befestigung von Berlin
von unserm Westen herholen will, sind für uns ohne alle Be=
weiskraft. Nicht ganz so steht es freilich für den Osten oder
mit der Weichsel. Wenn unser Verf. hier nun seine These,
„Berlin muß befestigt werden", zu erweisen auf den ungeheu=
ren Fehler hinweist, welcher Polen mit der mittleren Weichsel
1814 den Russen überlieferte und den tief beklagt, so stimmen
wir dem zwar aus vollster Ueberzeugung bei, wenn wir aber
nun wieder die militärischen Folgerungen ansehen, welche unser
Verf. aus jenem unerwünschten Verhältnisse glaubt ziehen zu

müssen, so erscheinen sie uns gleichfalls zum Theil unrichtig, zum Theil gar sehr übertrieben! Unrichtig erscheint es uns, wenn er die gefährdete Lage, in welche der Besitz der mittleren Weichsel durch die Russen einen großen Theil des preußischen Staates versetzt, dadurch herbeigeführt glaubt, „daß auch hier, ebenso wie oben in dem sogenannten Mittelraume, sich keine deckende und der Vertheidigung eine gesicherte Entwickelungslinie bietende Strombarriere finde, und eben darum eine diesseitige Defensive, einen äußerst übelen und schwierigen Stand haben würde, ja im Sinne einer Grenzvertheidigung kaum zu decken sei.“

Für uns enthält auch diese Behauptung fast so viele Unrichtigkeiten oder Unklarheiten, wie Sätze. Es ist nicht richtig, daß ein quer vorliegender Strom an sich Schutz giebt, wie es der Verfasser auch jedesmal da selbst zugiebt, wo er es zum Erweis seiner großen These braucht. Da ist ihm Ober- und Unterrhein trotz seiner kolossalen Befestigungen leicht umgangen und Berlin in Gefahr, da ist durch die überschrittene Mittel-Weichsel trotz unserer stark befestigten Nieder-Weichsel der ganze Kern der preußischen Monarchie fast ein verlorenes Land und Berlin muß im großen Style befestigt werden. Was ist aber eine Strombarriere, welche eine gesicherte Entwickelungslinie bietet? Der Verf. denkt doch wohl selbst nicht an ein Cordon-System, welches alle möglichen Uebergänge vertheidigen will, dazu giebt er zu viele Beweise, daß er den großen Krieg zu gut kennt, um in solche Anschauungen zu verfallen. Daß aber auch jede Vertheidigung eines sinnlich deckenden Abschnitts augenblicklich, so wie eine Entscheidung eintritt, in eine concentrirt excentrische übertreten muß, wollen wir nicht erst wiederholen, nachdem eben erst bei Betrachtung dessen, was der Verf. über die Schwäche des Mittelraums gesagt hat, das Nöthige darüber gesagt worden.

Ist das aber wahr, so ist es auch wahr, daß die größte Kraft der Vertheidigung da gefunden werden muß, wo sie in excentrischer Richtung noch einen großen Strom findet. Liegt die Gefahr unserer östlichen Lage also darin, daß durch das gewaltige Festsetzen an der mittleren Weichsel für die Russen eine Operation von Warschau gegen Breslau möglich erscheint, so liegt nur Heil in einer excentrischen Vertheidigung, und zwar da, wo sie in sich am stärksten, d. h. wo sie im Terrain die größte Unterstützung findet, also am großen Strome an der Weichsel, und wo zugleich ihre offensive Tendenz, worin, wie wir wissen, stets ein Hauptelement der Kraft der Vertheidigung liegt, die stärkste ist. Daß beides aber bei Thorn der Fall ist, lehrt der erste Blick auf die Karte. Also nicht, wie unser Verf. will, in einer Strombarriere, welche, dem unklaren Ausdrucke auch den einfachsten und klarsten Sinn untergelegt, der Vertheidigung eine deckende Entwickelungslinie bieten soll, liegt die Hülfe, sondern in einer mit allen Hülfsmitteln der Fortifikation zu höchster Kraft ausgestatteten excentrischen Vertheidigung. Weil aber die Theorie dazu nur Thorn geeignet findet, so will sie sich da festsetzen und dorthin alle Kraft der Vertheidigung in Masse concentriren. Hier will sie die Hauptkräfte des Feindes festbannen, so lange sie nicht Angriff sein kann, und nur der überschießenden Kraft des Feindes eine Wirksamkeit nach anderen Richtungen hin gestatten. Diese Richtungen könnten aber nur nach Posen und Breslau führen, welche dann nach Maaßgabe ihrer Wichtigkeit direkt durch eine Befestigung zu schützen wären. Das aber sind die wissenschaftlichen Gründe, welche die Theorie Thorn

zu dem Kerne der Festungsgruppe machen ließen, welche unsern Osten vertheidigen soll, und welche demnächst ein Zweites-
mal auf die Nothwendigkeit einer Befestigung Breslau's hinweisen. Von Posen ist dagegen gar nicht die Rede. Der
unbedeutende Ort schien ihr des Aufwands einer Befestigung
nicht werth, und der direkte Schutz, welchen sie Berlin gewähren sollte, sei eine völlige Täuschung einer den sinnlichen Anschauungen verfallenen unwissenschaftlichen Ansicht des großen
Krieges. Alles, was die Theorie für Posen zugegeben hätte,
wären etwa die drei Forts Winiary, St. Adalbert und Re-
formaten-Fort gewesen, und auch diese nur ohne die großen
Außenwerke, bei denen man immer an Lichtenberg's berühmte
Beschreibung der furchtbaren Werke von Gibraltar denken muß,
in diesem Loch war noch ein Loch und das war größer noch,
als obgenanntes Schießloch. Selbst dies aber hätte sie erst
zugestanden, nachdem Thorn seine völlige Ausbildung zu einer
starken, die Netze und Brahe in sich schließenden Festungsgruppe erhalten hätte, und nachdem Breslau befestigt worden
wäre. Wenn wir nun dagegen sehen, daß Breslau noch heute
eine offene Stadt ist, dieser reiche Mittelpunkt der reichsten
Provinz des Reiches, von zwei Seiten gleich bloßgestellt, und
daß für Thorn noch nicht mehr geschehen ist, als nöthig, um
es zu einer mittelmäßigen Festung zu machen, und wie dagegen für Posen so viel ausgegeben worden, als nöthig war,
um aus Breslau eine Festung ersten Ranges, allerdings nur
im Sinne des großen Krieges und nicht in dem einer unbe-
rechtigten, wenn auch in sich und für sich noch so geschickten
und wohl durchdachten Ingenieur-Wissenschaft zu machen und
zugleich um Thorn herum ein für alle wahrscheinlich je ein-
tretenden Fälle unüberwindliches Festungs-Gruppen-System zu

bilden, so müßte man völlig rathlos vor solcher Erscheinung
still stehen, wüßte man nicht, zu welchen Ergebnissen oft un-
klare Ansichten und eine Reihenfolge kleiner Beweggründe, so
wie zuletzt falsche Schaam begangene Fehler zu rechter Zeit
einzugestehen, führen können. Schlimm freilich wenn die größten Interessen des Landes darunter leiden.

Wie stünde es nun aber mit den von unserem Verf. be-
haupteten so gefahrvollen Zustande unserer Ostgränze, wenn,
was nach Obigem längst geschehen sein könnte, Breslau eine große
Festung und Thorn hergerichtet wäre zu einer Festungsgruppe,
in welcher sich hundert Tausende bewegen könnten, wozu das
Terrain die schönste Gelegenheit bietet? Sollten wir auch
dann noch immer für das so entfernte Berlin fürchten müssen?

Wir würden aber glauben, unserem Verf. Unrecht zu
thun, wenn wir meinten, er sähe auch nur dem einen der
großen Nachbarn gegenüber die Gefahr für so groß an, daß
er auf solche Zufluchtsmittel, wie die Befestigung der Hauptstadt im größten Style glaubte bei Zeiten sich einrichten zu
müssen. Er sieht vielmehr die Gefahr nur in einem Kriege
mit zweien der mächtigen Nachbarn oder gar mit allen dreien
zugleich, und da möchte denn allerdings wohl auch Gefahr
liegen. Sehen wir uns aber eine solche Voraussetzung etwas
näher an, so müssen wir gestehen, daß uns selbst unsere be-
sorgtesten politischen Phantasien nicht die Wahrscheinlichkeit eines
Krieges auch nur von ferne zeigen, welcher zwei oder gar alle
drei der großen Nachbarn gegen uns zugleich auftreten lassen
könnte. Der siebenjährige Krieg ist uns eben so wenig wie
die französische Revolution ein warnendes Beispiel, denn solche
Lagen und Verhältnisse wie die jener Zeiten können eben, so
weit ein ruhiger Blick in die Geschichte reicht, nicht wieder

kehren. Wir können uns keinen Krieg mit zwei der Nachbarn
denken, bei dem uns nicht der dritte und vierte zur Seite
stünde und dann führt sich die Gefahr auf den Kampf mit
dem einen zurück. Wir fordern alle besonnenen Politiker,
solche, die es nicht für Politik halten, jede, auch die unwahr=
scheinlichste Zusammenstellung von Gefahren für eine berech=
tigte Aufgabe zu halten gegen die man sich vorbereiten müsse,
auf, ob sie uns anrathen wollen, sich gegen dergleichen in
Verfassung zu setzen, besonders dann schon, wenn noch so Vie=
les zu schaffen ist, was gegen einzelne Gefahren zu thun vor=
liegt, ob sie also, um gleich auf das praktische Feld hinüber=
zutreten, worauf es zuletzt doch allein ankommt, ob sie rathen
werden, Berlin vor Breslau zu befestigen oder sogar vor Trier
und eher als bis Thorn, und die Weichsel und der Pregel,
und die Haffs mit den Mitteln versehen sind, welche eine Ver=
theidigung an den Gränzen so unterstützen, daß sie in Ver=
bindung mit der alle anderen weit überragenden Organisation
unserer lebendigen Streitkräfte sicher ist, von keinem der ein=
zelnen Gegner bewältigt werden zu können? Ein Kampf am
Mittelpunkte ist immer schon ein Verzweiflungskampf, und es
ist doch sicher nur klug, die Mittel, welche einen solchen in
die weiteste Ferne zu rücken versprechen, eher herzustellen, als
sich das, was jener Verzweiflungskampf zu erfordern scheint,
vor jenen zu schaffen. Ist dem aber so, so hat die ganze
Frage über eine große Befestigung von Berlin für jetzt und
so lange noch so Großes für die Gränzen zu thun ist, nicht
einmal einen praktischen Werth. Unser Verf. eifert mit Recht
und, wie es uns erschienen ist, viel zu milde an einer andern
Stelle seiner besonders in allen Detail= und Spezial=Fragen
so vortrefflichen Schrift gegen den Grundsatz, welchen er, wir

wiſſen nicht, mit welchem Rechte, den Breſeſchen nennt, welcher die fortifikatoriſchen Mittel von der Peripherie nach dem
Centro zu wachſend verſtärkt, wie er leider in unſeren neueſten
Bauten verfolgt worden iſt und der eben Schuld ſei an der
beklagenswerthen Verſchwendung von Mitteln an unrechten
Stellen, wie wir ſie mit Schmerz und Verdruß lange geſehn
und immer wieder ſehen. Es will uns aber bedünken, daß
er nur auf dem erweiterten Gebiete der Fortifikation für den
großen Krieg, in denſelben Fehler verfällt, denn die Gränzen
vernachläſſigen, oder ſie ſchwächer laſſen, als ſie ſein müßten
und dafür mit ungeheurem Aufwande das Centrum, die Haupt-
ſtadt auf eine Weiſe und in einer Ausdehnung zu befeſtigen,
die zu vertheidigen leicht die Mittel fehlen würden, wenn ſchon
die halbe Monarchie verloren, das möchte doch wohl auf dem
größeren Gebiete daſſelbe ſein, was er auf dem kleineren ſieg-
reich tadelt.

II.

Auf den erſten in vieler Beziehung wichtigſten Abſchnitt
unſerer Schrift, der uns auch deshalb etwas lange beſchäftigt
hat, weil er uns zu den wichtigſten Widerſprüchen die Ver-
anlaſſung gab, folgen nun drei Abſchnitte, welche eine Art ge-
ſchichtlicher Entwicklung deſſen enthalten, was ſeit der großen
Reſtauration des Staats im Jahre 1814 für die Befeſtigung
der verſchiedenen Gränzen nach Weſten, Oſten und Süden hin
geſchehen iſt. In jene Art der hiſtoriſchen Entwicklung miſcht
ſich aber theils eine Beurtheilung des Geſchehenen, theils Hin-
deutungen auf das noch Fehlende und hier wie überall auf
das noch unbefeſtigte Berlin. So ſehr wir auch mit Vielem,
was in dieſem Abſchnitte geſagt wird, übereinſtimmen, ſo wol-

len wir doch auch hier unsere abweichende Ansicht über Man=
ches nicht zurückhalten. Sie trifft aber nächst dem, was die
Hauptsache, die Befestigung von Berlin angeht, vorzugsweise
das, was der Verf., wie es uns scheint, gegen sich selbst zum
Lobe der Anlage von Posen sagt. Er findet es bei Betrach=
tung der Verhältnisse an der Weichsel vortrefflich, daß Posen
befestigt worden, „weil es in einem Defensiv=Kriege mit Ruß=
land der Hauptstützpunkt unseres strategischen Centrums wäre,
nachdem die Weichsel aufgegeben sein würde, weil es recht
eigentlich in der Richtung des zu erwartenden Stoßes des ruf=
sischen Angriffs liege und nicht abzusehen sei, wie ein direkter
russischer Vorgang sich außerhalb der mächtigen Gegenwirkung
dieser starken Kunstposition zu halten vermöchte. Und die=
ser nicht genug hoch zu schätzenden Bedeutung seiner räum=
lichen Lage sollen nun auch noch die Vorzüge seiner Situation
im engeren Kreise, d. h. in Beziehung auf das den Platz nä=
her umgebende Terrain entsprechen." Lauter Sätze, welche
uns zum entschiedentsten Widerspruche reizen. Soll eine Fe=
stung einem Angriffe im Sinne des großen Krieges entgegen
wirken, so thut sie es nicht, sondern die Armee, welche sich
an sie angeschlossen halten kann. Wir wissen, welche Bedin=
gungen dazu verlangt werden müssen, Unangreifbarkeit für den
direkten Angriff, und strategische, d. h. offensive Wirksamkeit
gegen des Feindes Verbindungen, der sie vorbei ginge. Das
Terrain ist bei Posen aber nur schwach zu nennen, die War=
the ist hier ein elendes Hinderniß. Die Einschnitte rechts und
links, wenn von Bewegungen des großen Krieges die Rede
ist, kaum in Betracht zu ziehen, ein unangreifbares verschanz=
tes Lager mit einer einigermaßen gesicherten Verbindung mit
dem Centro des Landes giebt es da nicht. Ist die Vertheidi=

gung aber noch so stark, daß sie mit dem kleinen Zusatze von Defensivkraft, welchen ihr Posen gewähren würde, noch Aussicht hat, sich zu halten, in welch günstiger Lage würde sie dann an der Weichsel sein? Wir sind also der Meinung, daß in einer durch die Stärkeverhältnisse nur einigermaßen bedenklichen Lage, wie sie doch im hohen Grade vorhanden sein müßte, wenn wir schon dazu gekommen wären, die Weichsel zu verlassen, würde Posen selbst in der ungebührlichen Ausdehnung, welche es erhalten hat, keinen Schutz gegen einen russischen Angriffsstoß geben; man würde sich sehr bald hinter die Warthe zurückziehen, weil der Weg nach Glogau in solcher Lage schon gefährlich erscheinen würde. Wenn aber weiter gesagt wird, daß der Abschnitt zwischen Netze, Warthe, Bzura und Obra mit der Festung Posen wie ein verschlossenes Gebiet anzusehen sei, so können wir dem Satze nur ein Verständniß abgewinnen, wenn eine unter den Mauern von Posen lagernde Armee bereit gedacht wird, dem Feinde, wo er sich innerhalb dieses Terrains zeige, entgegen zu gehen und zu schlagen. Wenn es nicht so gemeint ist, so ist es eine der von bloßen geographischen Anschauungen entlehnten hohlen Phrasen, vor denen man sich in militärischen Dingen vor allem zu hüten hat. Wir wissen aber, daß die Vertheidigung nichts Unwirksameres thun kann, als sich dem Angriffe auf gerader Linie direkt entgegenwerfen, da findet sie meistens, was sie ja vor Allem vermeiden möchte, die sichere Niederlage. Was eine Armee bei Posen soll leisten können, das leistet sie sicher doppelt so leicht und so wirksam an der Weichsel, und insofern man also an der Warthe verschwendet hat, was der Weichsel eine unüberwindliche Stärke gegeben hätte, hat unser Verf. mit seinem Lobe, womit er Posen überschüttet, nach jeder wissenschaftlichen Ansicht voll-

ftändig Unrecht. Nach unserer Meinung ist mit der kolossalen
Befestigung von Posen, selbst wenn die Befestigung der Weichsel schon im Style des großen Krieges vollendet gewesen wäre,
und wenn Breslau bereits zu einer Festung ersten Ranges
erhoben worden, eine große Verschwendung getrieben worden.
Als Manövrirpunkt wäre uns das befestigte Kosten, welches
die Obra beherrscht mit Schrimm sogar viel lieber, und der
Ort, den sie schützt, ist des ungeheuren Aufwandes keineswegs
werth.

So viel über das östliche Kriegstheater in so weit es die
Weichsel und das schlimme Verhältniß angeht, was dort durch
das colossale Festsetzen der Russen an dem Strome für uns
entstanden ist. Es handelt sich aber bei der Betrachtung unserer östlichen Gränze gar nicht allein um dies Verhältniß,
sondern es handelt sich auch noch um das ganze Land am rechten Weichselufer, um ganz Ost- und halb Westpreußen. Unser
Verfasser zeigt uns die bedenkliche Lage, in welche besonders
dieser Theil des geliebten Vaterlandes, von dem wir andern
alle den ruhmreichen Namen tragen, und der uns also auch
mit darum so lieb und werth ist, durch die militärischen Verhältnisse an der Weichsel gesetzt ist, und wenn das auch nicht
immer glücklich geschieht und wir oft dabei Ansichten und Ent-
wickelungen begegnen, zu welchen wir bedenklich den Kopf schüt-
teln und die man von Seite 21 an in der Schrift nachlesen
mag, so stimmen wir doch mit dem Resultate vollständig überein, daß für das Gebiet jenseits der Weichsel ein besonderes
starkes Befestigungssystem geschaffen werden mußte, dessen Kern
natürlich die Hauptstadt zu bilden hatte. Es ist die außerordentliche Stärke des Systems, wie es sich um Königsberg
herstellen ließe und wie sie in der Theorie des großen Krieges

aus Convenienz nur angedeutet worden, mit großer Lokal- und Sachkenntniß näher entwickelt und wenn der Verfasser das Ergebniß in dem Satze zusammenfaßt, „daß er keinen strategischen Raum kenne, nicht nur in Preußen, sondern im ganzen Erdtheile, der überhaupt von Befestigungen noch umfaßt werden kann, auf welchem die Natur die Gelegenheit zu einer mit wenig Mitteln so weit auszudehnenden und dennoch wieder so innig verbundenen und so schwer zu sprengenden Defensive geboten hätte", so stimmen wir dem aus vollster Ueberzeugung bei, verwundern uns aber desto mehr, wie der Verfasser dazu kommt, trotz dieser Verhältnisse, die ja durch die Verbindung mit der ganzen Weichsel, noch eine erhöhte Bedeutung bekommen, dennoch, auch für unsere Verhältnisse gegen Osten eine Befestigung von Berlin für nothwendig zu halten! Freilich, wer eine Landung von 60,000 Russen bei Wismar für eine politische Conjunctur hält, auf die möglicherweise Rücksicht zu nehmen und die Berlin von der Seite Gefahr bringen könnte, dessen politischer Phantasie glauben wir freilich ebenso wenig folgen zu können, als der früheren, daß Berlin eine Gefahr drohe durch eine französische Invasion von Holland her.

Wer aber das Befestigungssystem am Pregel und an den Haffs in Verbindung mit Danzig und der freien See für noch stärker hält, wie das nach den Bedürfnissen des großen Krieges vollständig ausgerüstete System an der Weichsel um Thorn und Graudenz es sein würde, einer Meinung, der wir übrigens beipflichten, der sollte doch von dieser Seite her eine Gefahr für Berlin für unmöglich halten.

Freilich erblickt unser Verf. die eigentliche Gefahr für Berlin nur erst in einem Kriege, welchen Preußen gegen das

vereinte Oestreich und Rußland zu bestehen hätte, und gegen
solche Gefahr soll man Berlin durch eine directe Befestigung
schützen. Obschon auch wir eine solche Gefahr für sehr gefähr=
lich hielten, wenn sie einträte, so müssen wir es dennoch wie=
derholt aussprechen, daß sie für uns ziemlich in das Gebiet
wilder politischer Träume gehört, die wir nicht einer so ernsten
Sache, wie die große Befestigung des Landes, zu Grunde legen
möchten. Aber selbst den Fall eines gleichzeitigen Krieges mit
Oestreich und Rußland angenommen, scheint es doch, als müßte
das ganze Gewicht der Kriegsführung auf den Raum zwischen
Weichsel und Oder verlegt werden. Nur eine centrale concen=
trirte Vertheidigung mit offensiven Ausfällen gegen einen und
dann gegen den andern der Feinde könnte hier die rechte sein,
und die würde sich in dem hier in Rede stehenden sehr un=
wahrscheinlichen und unglücklichen Falle doch ebenso wie es we=
sentlich in den drei schwersten Feldzügen des großen Königs der
Fall war, um die Oder drehen, sie zwischen den beiden Geg=
nern als Trennungsmittel zu erhalten suchen, um nach den
Vorschriften einer concentrirten centralen Vertheidigung die
Gelegenheit sich zu schaffen, den getrennten Gegnern mit aller
Macht nach einander auf den Leib zu gehen. Um diesen Ge=
danken drehte sich schon damals die ganze geniale Vertheidigung
des Königs, und würde es künftig ebenso wieder thun müssen.
Also auch für diesen nach unseren heutigen politischen Zustän=
den für uns fast undenkbaren Fall wäre die stärkste Oder=
befestigung eher Bedürfniß, als eine Befestigung Berlins, was
wohl so lange geschützt bliebe, als es den Feinden nicht ge=
länge, uns aus dem Dreieck Breslau, Posen (besser Kosten),
Glogau zu verdrängen. Also auch hier wieder Breslau muß
befestigt werden, das steht so sehr für uns in erster Linie,

daß wir es, von Posen gar nicht zu reden, vor Königsberg in Angriff genommen haben würden.

III.

An die drei Abschnitte, welche die Defensiv-Verhältnisse der 3 Hauptfronten besprechen, und welche nach allen Seiten hin so angethan sein sollen, daß sie eine großartige Befestigung Berlins als geboten erscheinen lassen, wendet sich unser Verf. in dem Abschnitt VI. zu dem, was für die Befestigung des Landes nun bisher geschehen ist und übt darüber mit aller Anerkennung des speziell-fortifikatorischen Theiles eine sehr strenge Kritik, der wir aber mit vollster Ueberzeugung beistimmen, ohne es mit dem was er früher zum Lobe von Posen gesagt, in Uebereinstimmung bringen zu können. Auch in der Theorie des großen Krieges finden sich die großen Fehler, welche in dem Zuviel hier, und dem Zuwenig dort, begangen worden, genugsam und wohl so sehr es die damalige Censur gestatten wollte, bezeichnet. Wenn sie aber vor allem Thorn zu einer Festungs-Gruppe erhoben wissen will, und dann Breslau und demnächst Königsberg und zuletzt auch Trier, dagegen aber von dem kolossalen Posen nichts wissen will und Lötzen gar nicht nennt, so stimmt sie ganz gewiß mit dem strengen Endurtheile des Verf. überein, was wir Seite 37 finden, wo es heißt: Sie (die überladene im Prinzip falsche und an ganz falsche Stellen hingelegte verschwenderische Befestigung von Posen, Königsberg und Lötzen) hat es wesentlich verschuldet, wenn Preußen ungeachtet der enormen Mittel, die es in einer Reihe von mehr als vierzig Jahren auf seine Festungsbauten verwendete — und die

heute einen nicht unwesentlichen Theil seiner Staats-
schuld ausmachen — nichts destoweniger weder in
seinem Mittelraume noch im Osten (wir fügen den
Westen noch hinzu, so lange Trier noch fehlt), im
besonderen aber nicht in Schlesien in der Art fortifikatorisch eingerichtet ist, wie man es in seinem
Interesse und im Hinblick auf die nicht geringen
Gefahren, mit denen die Zukunft uns bedroht wünschen muß. Denn wir müssen sie dafür verantwort-
lich machen, daß Berlin und Breslau noch offen liegen, an eine Befestigung von Memel die Hand noch
nicht gelegt worden ist, Marienburg, Königsberg,
Lötzen heute noch unvollendet sind, die Erweiterung
Stettins zu keinem den wichtigen städtischen Interessen entsprechenden Resultate führte, Swinemünde
heute umgebaut werden müßte, wenn man der Bedeutung des Ortes für unsere spätere Kriegsflotte
gerecht werden wollte, und der Bau von Posen, Königsberg und Lötzen Summen verschlungen hat, mit
denen man, falls man eine andere Methode anwen-
dete, zugleich Breslau und Berlin hätte sichern können. Das Frühere deutet zur Genüge an, mit welchen Abweichun-
gen wir diesem Urtheile beistimmen. Im Wesen bezeichnet dieser
Satz aber den großen ungeheuren Fehler, der gemacht worden,
ganz richtig. Daß er weniger dem ausführenden Ingenieur
zur Last fällt, als der obersten Leitung unserer Militär-Ange-
legenheiten im jedesmaligen Kriegs-Minister und Generalstabe, ist ebenso richtig wie gleichgültig, uns ist nur daran gelegen zu wissen, daß er begangen worden und uns klar zu
machen wo er seinen Grund hat, und warum es ein Fehler

ist damit er in der Folge wenigstens vermieden werde. Der Grund des Fehlers liegt aber, wie nicht oft genug wiederholt werden kann darin, daß man bei unseren Befestigungen viel zu sehr vergessen zu haben scheint, daß alles was ich von der Fortifikation verlange, einzig und allein von dem Bedürfnisse des großen Krieges und der Verbindung mit ihm hergenommen werden soll, daß, wenn der Entschluß gefaßt werden soll, hier oder da einen festen Platz zu bauen, es sich zunächst gar nicht darum handelt was der Ingenieur als solcher natürlich stets will und wollen muß: einen nach allen Regeln der Kunst möglichst starken Platz zu bauen, sondern einen, der da leistet, was der große Krieg verlangt. Der aber verlangt Plätze und allgemeine Befestigungen, welche einer Armee Schutz gewähren, eben deswegen aber auch zu er= warten haben, daß sie von einer Armee vertheidigt werden, ja denen, wenn dies auch nicht der Fall sein sollte, wenn also die eigene Armee sie etwa nicht erreichen könnte oder wenn sie glaubte an anderer Stelle nöthiger zu sein, doch durch die Organisation der lebendigen Vertheidigungskräfte, durch die bei uns so glücklich bestehende allgemeine Dienstpflicht, also durch 2tes Aufgebot der Landwehr und Landsturm zu jeder Zeit der Gefahr eine genügende Masse lebendiger Kräfte zu Gebote stehen werden. Wenn unsere Befestigungen in An= spruch genommen werden, dann steht der Feind im Lande und zu solcher Zeit wächst in der gesteigerten vaterländischen und kriegerischen Gesinnung, wie sie dann jedesmal eintritt, eine Kraft aus der Erde, die, wenn sie wie bei uns in Preußen durch die allgemeine Dienstpflicht zu einer tüchtigen Wirksam= keit vorbereitet ist, auch geringen fortifikatorischen Einrichtungen eine Stärke giebt, an der sich kein Ueberschuß von Kräften,

wie ihn der Feind nach Abzug dessen, was unsere Armee von
ihm nothwendig in Anspruch nimmt, noch aufbringen könnte,
wohl leicht versuchen würde. Es kann bei uns also selbst
großen fortifikatorischen Anlagen auch getrennt von der Verbindung, mit welcher sie eigentlich doch nur gedacht sein sollen,
von der mit der Armee, niemals an hinreichender Besatzung
fehlen.

Wenn das nun die erste Anforderung ist, welche an die
Fortifikations-Entwürfe für eine Landesvertheidigung zu machen,
daß sie sich stets nur in Verbindung denken mit dem großen
Kriege selber, so haben sie nicht nur die Bestimmung der Orte,
wohin sie ihre Mittel zu verwenden, sondern auch das Maas
ihrer Stärke selbst nur von daher zu nehmen. Ueberall also
hat sich die Fortifikation von der Strategie und Taktik leiten
zu lassen. Das Alles aber ist bei der Anlage unserer östlichen
Befestigungen mehr und minder vergessen worden. Wo dem
Ingenieur gesagt wurde, hier baue da wollte er einen so starken Platz wie möglich herstellen. Er fragte nicht und hatte
nicht nöthig zu fragen, paßt das hierher, an diesen Ort, verlangt der große Krieg das oder nicht? Das war nicht seine
Sache, das mußte ihm gesagt werden oder er mußte denn, wie
es der General After war, selbst der Stratege sein, der es
sich selbst sagte. Wer die Geschichte der Befestigung von Posen
kennt, der weiß auch, welche Reihe kleiner Ursachen Schuld ist
an der colossalen Anlage an diesem nichts sagenden Flecke.
Möchten nun wenigstens dieselben Fehler des Unterlassens wie
des Thuns künftig vermieden werden. Insofern wir glauben,
daß es ein Mittel dazu sei, sie unbemäntelt und entschieden
öffentlich zu bezeichnen, insofern freuen wir uns vorzüglich über
die kleine Schrift, die wir hier besprechen.

IV.

Ein folgender Abschnitt, „der preußische Mittelraum" überschrieben, auf den unser Verf. noch einmal zurückkommt, um
den Fall eines Krieges zugleich gegen Oestreich und Rußland
zu erörtern, und der ihm dann vorzugsweise die Mittel bietet,
die Nothwendigkeit einer großen Befestigung von Berlin zu erweisen, bringt jedoch für diesen Beweis kein anderes Argument
bei, als das schon bekannte und früher erörterte, daß dieser
Mittelraum mit der in ihm liegenden Hauptstadt durch keine
Vertheidigungslinie von irgend welchem Belange gegen einen
Angriff von Süden her geschieden sei, was so viel heißen soll,
als es laufe kein Strom von Westen nach Osten, der sich den
Wegen, welche von Böhmen nach Berlin führen, quer vorlege.

Wir kommen nicht noch einmal auf das zurück, was wir
früher schon gegen die Richtigkeit jener Ansicht beigebracht haben
und nehmen aus diesem Abschnitte nur Notiz von einigen Bemerkungen, wozu dem Verf. das in der Theorie des großen
Krieges als einzig richtiges System einer Landesbefestigung her-
vorgehobene Gruppen-System Veranlassung giebt. Wenn die
hier gemachten Bemerkungen als Einwendungen dagegen betrachtet sein wollten, so mußten sie den Hauptargumenten,
welche Schritt für Schritt mit aller logischen Folgerichtigkeit
zuletzt dort zu jenem Systeme geführt haben, ebenso Schritt
für Schritt nachgehen. Wenn das System fehlerhaft ist, so
müßte sich der Fleck zeigen lassen, wo der Keim des Fehlers
liegt. Was aber die Theorie dazu geführt hat, ihm, wie unser
Verf. sagt, so lebhaft und mit der Bestimmtheit der gewissesten
Ueberzeugung das Wort zu reden, das mag wohl eben jene
logische Folgerichtigkeit der Schlüsse sein, welche zuletzt unab-

weislich dahin führte, ein solches System als das einzige zu bezeichnen, welches die größte und schwierigste Aufgabe des großen Krieges zu lösen im Stande sei und sein wird. Gegen das Ergebniß einer auf so streng logischem Wege geführten Erörterung, und wie sie zur einfachsten und kürzesten Uebersicht noch einmal in dem Schlußabschnitte der Theorie Seite 200 u. ff. zusammengefaßt ist, durfte es wohl nicht genügen, mit einigen vereinzelten Bemerkungen hervorzutreten, am wenigsten wenn es solche sind, womit sich das fehlerhafte taktische Cordonsystem gleichfalls vertheidigen ließe. Am wunderlichsten ist es uns aber erschienen, wenn wir als etwas, was sich doch die Miene giebt, als sei es gegen das Gruppensystem gesagt, solche Sätze finden, wie etwa den: „die Möglichkeit der gegenseitigen Unterstützung würde an und für sich noch kein ausreichendes Motiv für das Zusammenlegen sein, mit dem sich doch mancherlei Uebelstände verbinden, wenn die Möglichkeit solcher Unterstützung nicht durch besondere Umstände, die nur in der Terrainformation oder in den von der Natur gegebenen Vertheidigungs-Elementen zu suchen sind, in einem hohen Maße eine gesicherte ist." Wir denken aber, daß, so weit der etwas schwülstigen und unklaren Rede ein einfacher klarer Sinn unterliegt, daß das Gruppensystem seiner Natur nach, eben weil es sich nur an geeignetes Terrain anschließt, gerade für die leichteste Verbindung und also für die Möglichkeit der Unterstützung der einzelnen Theile sorgt, weil es eben durch die Fortifikation die Hindernisse, die wesentlich zu ihm gehören, für sich aufschließt und dem Feinde sie doppelt verschließt. Wo sagt die Theorie irgend wo, daß es nicht wesentlich zur Bildung einer starken Festungsgruppe auf das Terrain ankomme, an welches es sich anschließt? Freilich aber kann die Theorie das Terrain nicht

machen, sondern muß es da, wo es aus vielen andern ebenso
zwingend einwirkenden Gründen, wie es auch nach dem Verf.
die linearen Elemente von Front, Basis, Operations= und
Rückzugslinie sind, nehmen wie sie es findet, also auch um
Breslau, wo es allerdings eben nicht günstig ist, wie es die
Theorie selbst beklagt. Ein Terrain wie um Thorn, Königs=
berg, Coblenz, Trier wäre freilich besser, es findet sich aber
nicht und so scheint es wohl zu verstehen, wenn die Theorie
für das System Breslau=Glogau noch befestigte Uebergänge
bei Herrnstadt und Leubus verlangt. Sie denkt sich wohl hier
den Fall, der, nachdem Breslau auf dem linken Ufer durch
eine starke Linie eingeschlossen, die keine Hoffnung mehr gäbe,
sie durch ein Hervorbrechen wie aus Mainz 1795 oder aus
Praga 1831 zu sprengen, den Feind nun mit Uebermacht auf
dem rechten Ufer erscheinen ließe und es nun nicht gerathen
schien, ihn da bei Breslau zu erwarten, um nicht vielleicht, wie
in Prag, eingeschlossen zu werden. Es erscheine vielmehr dann
erwünscht und möglich, des Feindes Hauptmacht durch eine Be=
wegung gegen die Bartsch hin sich nachzuziehen, ihn sich dann
durch die Oder abzustreifen und der Einschließung von Bres=
lau plötzlich im Rücken zu erscheinen. Zu solcher Bewegung,
eine nähere und eine fernere, scheinen die Forts von Leubus und
Herrnstadt dienen zu sollen. Auf ähnliche Weise möchte aber
wohl der an einer andern Stelle unserer Schrift als nicht ganz
verständlich bezeichnete Vorschlag der Theorie zur Herstellung
eines Systems um Magdeburg sich Uebergänge über die Elbe
am Einflusse der Saale (von Halle ist ja keine Rede) und der
Ohre zu sichern zu verstehen sein. Wenn die über ein ganzes
Land einzeln zerstreuten Befestigungen, nach dem Verf., ein
ganzes Land umspannen, weil sie es nach Länge und Breite

durchmeſſen und alſo ſchützen ſollen, ſo iſt das ungefähr ebenſo
wahr, als es wahr iſt, daß man ein Land, in welches zehn
Wege hineinführen, am beſten ſchützt, wenn man ſeine Armee
in zehn Theile theilt und jeden Weg mit einem der Theile
beſetzt; bekanntlich das beſte und ſicherſte Mittel um geſchlagen
zu werden. Ebenſo, denken wir, iſt es aber analog das beſte
Mittel, um auch fortifikatoriſch geſchlagen zu werden, die Mittel
der Befeſtigung, anſtatt ſie in Maſſen zuſammenzuhalten, über
das ganze Land hin zu zerſtreuen, wo ſie dann „das Land
allerdings überſpannen" oder vielmehr überſpinnen, aber
wie ein Spinngewebe, was der Feind leicht durchreißt, wo er
will. Das Zuſammenlegen der fortifikatoriſchen Mittel in
Gruppen d. h. in Maſſen, wodurch ſie ſich ja allein der ober=
ſten Kriegsregel, die doch wohl auch von unſerem Verf. nicht
beſtritten wird, „Maſſen auf den entſcheidenden Punkt",
erſt anſchließen, wird aber erſt dann als recht nothwendig ge=
fordert, wenn ſie, wie es nicht oft genug wiederholt werden
kann, in die Verbindung gebracht werden, in welcher die For=
tifikation allein erſt ihre höhere Bedeutung bekommt, in die
mit den lebendigen Streitkräften, mit deren Thätigkeit im Ge=
hen und Stehen, worin ja ihre ganze defenſive Stärke beruht.
Aber nur eine Gruppenbefeſtigung, die wir freilich nie von dem
Terrain trennen, unterſtützt dieſe Art und Weiſe der Verthei=
digung; nur ſie bietet eine Kreisbewegung, und nur eine Kreis=
bewegung geht und ſteht zugleich.

Der Schlußſatz dieſes Abſchnitts enthält demnach die „voll=
ſtändige Umkehrung unſerer Anſicht. Wenn es dort heißt, die
direkte Deckung des preußiſchen mittleren Landesraums und im
beſonderen Berlins wird daher unter allen Umſtänden einer
jeden anderen vorzuziehen ſein," ſo kehren wir es völlig um,

und sagen, die indirekte Vertheidigung des Mittelraums, welcher ja das ziemlich zurückliegende Berlin nothwendig mit einschließt, und welche an der Elbe oder an der Oder ihre starke Unterlage in einer mehr oder minder starken Befestigung finden muß, wird unter allen Umständen vorzuziehen sein, und ebenso wenn es weiter heißt: „Eine Kapital-Befestigung, welche die Hauptstadt unmittelbar umschließt, erfüllt ihren Zweck der Deckung unter allen Umständen", so kehren wir auch dies völlig um und sagen, eine solche Befestigung erfüllt jenen Zweck unter keinen Umständen, denn zuerst wird dadurch schon der ganze Mittelraum bis auf die Hauptstadt selbst verloren gegeben, und eine Macht, welche in einer excentrisch liegenden Gruppe sich nicht mehr halten und so den Weg zur Hauptstadt strategisch d. h. indirekt nicht mehr decken könnte, die würde auch die Hauptstadt nicht mehr zu vertheidigen im Stande sein, und eine solche Central-Befestigung unterscheidet sich deshalb auf das aller nachtheiligste von einer Flankengruppe, weil sie nichts vertheidigt, als sich selbst, und zwar durch Mittel, welche, wenn sie noch vorhanden sind, sicher in einer Flankengruppe den größeren Zweck, die Vertheidigung des ganzen Mittelraumes erfüllen würden.

Wenn unser Verf. zugleich zugiebt, „daß eine Gruppenbefestigung unter Umständen die stärkste Form sein möge, deren hier und da die Ingenieurkunst im Ganzen und Großen sich bedienen könne aber er acceptire sie nicht als eine allgemein gültige", so fühlt man zuerst an den allerhand Beschränkungen des Ausdrucks, wie schwach eigentlich die Ueberzeugung von dem ist, was er hier polemisirend ausdrücken will. Das Gruppensystem aber ist ja nicht nur deshalb von der Theorie so in Schutz genommen, weil es die stärkste Form ist, welcher sich

die Ingenieurkunst im Ganzen und Großen hier und da be=
dienen kann, sondern weil sie die stärkste Form ist, unter wel=
cher sich die Ingenieurkunst an die Bedürfnisse des großen
Krieges anschließen kann, und auf dieses Anschließen kommt
es ja doch wohl ganz allein an, denn ohne solches Anschließen
fällt sie ja, wie jedes einzelne Glied eines organischen Ganzen,
was sich von dem Ganzen trennt als nutzlos und ohnmächtig
zu Boden, und als ein solches organisches Ganze wird die
Kriegskunst doch wohl auch von unserem Verf. angesehen.
Wenn er aber hier noch hinzufügt, daß es doch wesentlich in
Betracht komme, ob unsere Streitkräfte dem Gegner das Feld
halten können, so müssen wir bemerken, daß die Vertheidigung
eben voraussetzt, daß sie es nicht können, sonst wäre sie eben
nicht Vertheidigung; sie setzt aber eben deshalb voraus, daß
sie es nur unter dem Schutze der nur ihr zu Gute kommenden
Kräfte, des durch die Fortifikation zur höchsten Kraft gesteiger=
ten Terrains können, und die Frage ist dann nur, wo sie das
am zweckmäßigsten möglich machen. Können sie es nicht in einer
wohl zurecht gemachten Gruppe, so können sie es auch nicht
unter den Befestigungen der Hauptstadt, können sie es aber
in einer excentrisch gelegenen Gruppe, welche den Feind mit
seinen Hauptkräften nothwendig vor sich festbannt, wie wir es
oben an Beispielen erörtert haben, so ist gegen das Uebrige
und also auch gegen die Hauptstadt nur ein Ueberschuß von
Kräften verwendbar, der aber, wenn der Feind ihn dahin ver=
wendet, seine Uebermacht an der Hauptstelle sofort aufhebt und
mithin den ganzen Erfolg des Krieges für ihn in Frage stellt.
Nach dem, was der Verf. an mehreren Stellen seiner zu rei=
chem Nachdenken veranlassende Schrift Anerkennendes über die
Theorie des großen Krieges sagt, ist er vielleicht auch mit

dem Grundsatze einverstanden, der sich in der Lehre vom Angriffe entwickelt findet: Daß das Hauptobjekt alles Angriffs stets die Armee des Gegners ist und nicht dies oder jenes Stück Land oder diese und jene Stadt. Die geschlagene Armee liefert mir das Land als Zugabe in den Schooß, aber nicht umgekehrt: ein Stück Land oder eine Stadt und sei es die Hauptstadt nicht die Armee, am wenigsten aber dann, wenn die eigene Armee dadurch in Gefahr kommt, daß ich einem Stückchen Land oder einer Stadt nachlaufe. Daraus folgt der für die indirekte Vertheidigung so wichtige Grundsatz, daß: wo ich bin, muß auch der Feind bleiben, woraus denn aber auch folgt, daß wenn ich mich dahin zurückziehe oder mich da aufstelle, wo ich den Feind am wenigsten haben will, ich den Feind nothwendig dahin ziehe. Mehr oder weniger gehören aber alle solche Anschauungen, wie sie unser Verf. hier kundgiebt, in das Gebiet der Täuschungen des sinnlichen Eindrucks, daß ich eine Richtung am besten vertheidige, wenn ich mich grade davor stelle, eine Täuschung, gegen welche sich die Theorie bei jeder Gelegenheit erhebt, die, wie die Kriegsgeschichte lehrt, die Ursache von so vielen schlimmen Erfolgen in der Vertheidigung gewesen ist, und gegen welche auch ihn nicht genugsam gewaffnet zu finden uns nicht wenig überrascht hat, da uns sonst aus seiner Arbeit ein gründliches Nachdenken über die höchsten Aufgaben des großen Krieges fast überall entgegentritt. Eine vorgefaßte Meinung giebt aber auch die besten Köpfe häufig den Irrthümern der gewöhnlichen Preis, nur daß sie sie geistreicher vertheidigen. Anstatt aus einer wissenschaftlichen Ansicht und Entwicklung heraus zu der Frage zu kommen: muß Berlin befestigt werden? hat er damit angefangen zu behaupten, Berlin muß befestigt werden und nun sucht er die Gründe dazu zusammen.

Die Bemerkungen über die Polemik des Verf.'s gegen das Gruppensystem wollen wir hier aber mit der Bemerkung schließen, daß uns sein befestigtes Berlin, von dem Spandau und Köpenik Dependenzien sein würden, nur wie eine vortreffliche Festungsgruppe erscheint, und daß er also sich damit so entschieden wie möglich selbst für sie ausspricht. Unser Streit mit ihm träfe mithin nur die Lage ob direkt oder indirekt, den aber glauben wir für jeden Kundigen spruchreif hier dargelegt zu haben, und berufen uns dabei nur wie subsidiarisch auf die viel gründlicheren Ausführungen der Theorie des großen Krieges, wo sie jeder nachlesen mag, der noch weniger vertraut mit dem wichtigen Gegenstande, sich doch gern ein Urtheil darüber bilden möchte.

V.

In den nun folgenden Abschnitten, welche der Befestigung, von Berlin selbst und der Art und Weise, wie sie auszuführen sei, gewidmet sind, giebt der Verf. nach einigen Wiederholungen der Gründe, welche vom allgemeinsten militärischen und national-ökonomischen Standpunkte aus für sie sprechen sollen, nun sein System für solche im großen Style einer Landes-Befestigung gedachten Fortifikation selbst. Wir kommen auf jene Gründe nicht wieder zurück, und überlassen es anderen, sich solchen Schreckbildern hinzugeben, wie das oben schon erwähnte einer russischen Landung von 60,000 Mann in Meklenburg oder einer französischen Invasion von Holland her und doch sind dies nächst dem einer drohenden Offensive von Böhmen her die Hauptgründe für die Sache, die unser Verf. be-

vorwortet. Wir wenden uns vielmehr nun zu jenem Befestigungs=
system selber und thun es um so lieber, als wir hier den
Verf. wohl in seinem eigentlichen von ihm ganz beherrschten
Gebiete finden.

Zunächst wird entwickelt, welche günstigen Vorbereitungen
sich für eine im Sinne des großen Krieges gedachte Befestigung
von Berlin in den Wasserverhältnissen, an die sich jede wirk=
same Befestigung anlehnen muß, durch Spree und Havel vor=
fluden, und von denen auch wir überzeugt sind, daß sie min=
destens denen bei Paris an Stärke gleich kommen. Dann wird
darauf hingewiesen, wie es hier zunächst darauf ankomme, sich
die Wasserlinien zu sichern; Spree und Havel sollen durch
Spandau und Köpenik beherrscht werden, natürlich vorzugs=
weise, um mit der Vertheidigungsarmee sich bewegen zu können
zu Angriff und Vertheidigung, „wodurch eine Einschließung auf
einer so ausgedehnten Peripherie beinahe unausführbar zu
machen ist, weil sie nur mit einer enormen Truppenmasse mög=
lich wird, mithin der Feind unter normalen Umständen nur
auf einem oder zwei Schlachtfeldern uns gegenüber sich etabli=
ren kann und gezwungen sein wird zwei oder mindestens eins
offen zu lassen, weil er anderen Falls wegen übertriebener
Ausdehnung seiner Fronte die Angriffskraft zersplittern und sich
den in solcher Lage bedeutenden Gefahren einer oder mehrerer
partialer Engagements, in der die Uebermacht schwerlich
auf seiner Seite wäre, aussetzen würde.“ Nun wahrlich, das
klingt ja wie aus der Theorie des großen Krieges entlehnt,
oder wie zur Ergänzung dessen gesagt, was sie zur Empfeh=
lung des Gruppensystems vorbringt, wie man sich leicht über=
zeugen kann, wenn man von §. 31. an in der Lehre von der
Vertheidigung nachliest.

In Folge dieser und ähnlicher Auseinandersetzungen kommt unser Verf. zu der Ueberzeugung, daß „auf Grundlage der fluvialen Formation, wie er in Folge seiner Unart im Gebrauche barbarischer Fremdwörter die Flußbildung nennt, das die preußische Hauptstadt umschließende Befestigungs-System ein radiales sein müsse, von welchem Oranienburg, Köpenik, Potsdam die Endpunkte von Radien wären, welche in Spandau ihr Centrum hätten." Daß dazu Berlin selbst mit einer Umwallung zu versehen ist, versteht sich von selbst. Nun wahrlich, ein vollständigeres Gruppensystem mögte sich die Theorie des großen Krieges wohl schwerlich gedacht haben und wir verstehen den Verf. nur nicht recht, wenn er einem solchen um Berlin, was doch erst in Wirksamkeit treten könnte, wenn schon die größten Niederlagen die preußische Armee äußerst geschwächt und demoralisirt bis dahin zurückgeführt haben und nachdem also schon in jedem Falle ein großer Theil des Landes in feindlicher Gewalt ist, noch eine rettende Gewalt zutraut, warum er dann nicht dasselbe Vertrauen im erhöhten Maaße zu einem an der Elbe, Oder, Weichsel und am Rhein gelegenen Gruppensysteme hat, wo sich doch, wie bekannt, Terrainbildungen finden von weit stärkerer Art, als die um Berlin. Wir gestehen dem Verf. gern die ganze Wirksamkeit zu, wie er sie von seinem so befestigten Berlin hier und im nächsten Abschnitt erwartet, nehmen aber für die Systeme, wie sie die Theorie so nah wie möglich an den Gränzen haben mögte, eben dieselbe in Anspruch und fragen dann, wenn sie da das leisten, wie Berlin je in Gefahr kommen soll. — Immer wieder also kommen wir, wie unser Verf. auf sein: „Berlin muß befestigt werden," auf unser Verlangen zurück: bauet an den Gränzen starke Gruppensysteme, so ist Berlin mehr als hinlänglich geschützt, auch gegen Verhältnisse geschützt, welche kein Gleichgewicht der lebendigen Kräfte des Streites voraussetzen, wenn auch nicht gegen solche, welche alles Maas einer geordneten politischen Phantasie überschreiten. Nach Jena und Auerstädt, bei solcher Führung, bei solchen Zuständen im Innern, wie damals, würde auch das befestigte Berlin nichts gerettet haben und Friedrich schützte Berlin unter viel schlimmeren Verhältnissen bis auf den einen Ueberfall, auch unbefestigt wie es war, und weder 1814 noch 15 würde das befestigte Paris Napoleons Herrschaft gerettet haben, hätten sich die Alliirten nicht etwa von Wällen imponiren lassen, hinter welchen eine große Menge durch sie Befreiung erwartete. Aber selbst ein augenblickliches Aufgeben einer großen Stadt wird nur einen geringen Verlust bringen, gegen den des ungeheuren Aufwands gehalten, welchen ihre Befestigung nöthig machen würde. Wenn wir annehmen, daß die Befestigung von Berlin, wie der Verf. sie will, nur 10—12 Millionen kosten würde, so wären das schon mehr als ¼ Million jährliche Zinsen, dazu nun die Unterhaltungskosten und den ungeheuren Verlust eines Rayon-Gesetzes, welches dem werthvollsten Grunde im Lande, dem der aufblühenden Hauptstadt seine entwertheten Fesseln anlegte, so übertreiben wir wohl nicht, wenn wir sagen, daß der dadurch veranlaßte Verlust eines auch nur zehnjährigen Friedens viel größer sein würde als der, welcher durch einen Verlust von Berlin à la Harbik und Tottleben herbeigeführt werden könnte. Einen andern aber können wir besonders dann uns gar nicht als möglich vorstellen, wenn erst in jeder Richtung gegen unsere drei großen Nachbarn hin ein oder zwei wohl gelegene und gut ausgeführte Gruppensysteme geschaffen sind, welche den Feind auch im

ſchlimmſten Falle vor ſich in weiter Entfernung von der Haupt-
ſtadt mit ſeiner Hauptmacht feſtbannen.

Nun finden ſich aber gegen die Gränzen hin, wo ſich
Nachbarn finden, deren Macht uns von der Art ſcheint, daß
ſie geböte an eine ſtarke Vermehrung der todten Vertheidigungskräfte zu denken, ſchon ſo gewaltige Mittel der Art ausgeführt,
oder ſind in Ausführung begriffen, daß wir kaum etwas anderes noch zu thun haben, als dieſe Mittel hier und da im
Sinne des großen Krieges beſſer zu ordnen und zu mehren,
um etwas vollſtändig ausreichendes zu beſitzen.

VI.

Dem vorigen Abſchnitte, welcher zeigt, wie ſich die Fortifikation in ihren großen Zügen an das Terrain anzuſchließen
hat, folgt nun das nähere fortifikatoriſche Detail, was beſon-
ders deshalb ſo wichtig iſt, weil es die Beantwortung der
wichtigen Frage der Ausführbarkeit des Verlangten enthält.
Was hilft überall ein noch ſo ſchön und gründlich Gedachtes,
wenn es ſich nachher zeigt, daß die Mittel fehlen, es ins Werk
zu richten. Und hier kommt es dann darauf an zu entſcheiden,
ob das Prinzip, welches unſere neuen Befeſtigungen ſo ungeheuer koſtſpielig macht, richtig ſei; das Prinzip nämlich, daß
die Mittel der Fortifikation von der Peripherie
nach dem Centro an Stärke wachſen müſſen, weil
die Intenſität der lebendigen Vertheidigung nothwendig in dieſer Richtung abnehme. Unſer Verf. hält
es nicht nur in ſeiner Beziehung zum großen Kriege für falſch,
ſondern auch in dem engeren egoiſtiſch fortifikatoriſchen Sinne,
welcher nie weiter denkt, als an eine ſogenannte förmliche Belagerung alten Styls, die aber nach Lage der heutigen Krieg-

führung mit ungeheuren Massen fast gar nicht mehr in Be=
tracht zu ziehen ist bei der Anlage neuer Befestigungen.

Im Gegensatze zu jener centralen oder frontalen, über=
ladenen und verschwenderischen Befestigungs=Methode hält er
eine, welche er eine radiale nennt, auch in dem engern forti=
fikatorischen Sinne für weit stärker, und führt seine Ansicht
auf siegreiche Weise durch. Genau zugesehen ist dieses radiale
System aber nichts anderes, als das bei der genialen Befesti=
gung von Coblenz befolgte und was die Theorie §. 31. in den
Ausspruch zusammenfaßt: „jede gute Festung im Sinne
des großen Krieges ist ein Zusammengesetztes von
einem geschlossenen Kerne und einer Linie vorge=
schobener isolirter Befestigungen". Daß die vorge=
schobenen isolirten Befestigungen aber nothwendig auf den durch
das Terrain bezeichneten Radiuslinien liegen, versteht sich von
selbst, und daß die befestigten Radien auf einen geschlossenen
Kern als Mittelpunkt hinweisen, setzt der Verf. als sich von
selbst verstehend wohl voraus. Für diesen Kern aber nimmt
er die einfachste und wohlfeilste Form in Anspruch, ein durch
Zwischenlinien verbundenes Redouten=System, wel=
ches neben der, dem Bastions=Systeme gewiß gleichen Wider=
standsfähigkeit, noch die Selbstständigkeit der einzelnen Theile
für sich hat, und was uns noch wichtiger erscheint, weil es
gestattet, die Ausführung der Zwischenlinien auf den dem An=
griffe am wenigsten ausgesetzten Fronten (wir scheuen uns nicht
im Gedanken an Sebastopol zu sagen: auf allen) bis zur Zeit
des Ausbruchs des Krieges zu verschieben. Wir empfehlen die
näheren Ausführungen dieses Theils unserer Schrift der beson=
deren Beachtung, versagen es uns aber, mit ihr völlig hier
einverstanden, auf das Nähere weiter einzugehen, weil es der

höhere Zweck nicht verlangt, dem wir hier nachgehen, und welcher kein anderer ist als der, die große Frage der Landesbefestigung im Ganzen und Großen zur Entscheidung bringen
zu helfen.

Wir stimmen auch vollständig bei, wenn der Verf. es be-
dauert, daß auch bei den alten großen Festungen nicht daran
gedacht wird, die den Bedürfnissen einer anderen Zeit und
einer anderen Kriegsführung wohl entsprechenden Anlagen nach
den Bedürfnissen heutiger Art und Weise den Krieg zu führen
zu vervollständigen oder zu corrigiren, was namentlich bei
Magdeburg, Torgau, Küstrin und Danzig ebenso leicht als
nothwendig erscheint, um ihnen ihre volle Bedeutung für den
großen Krieg zu geben, die sie bei ihrem bisherigen Zustande
nicht haben können.

VII.

Ein folgender Abschnitt der Schrift, „über die Gesichts-
punkte bei Feststellung der Armirung der Capitalbefestigungen
und Bemerkungen über Frontlängen“, enthält Andeutungen,
von denen wir nichts so sehr wünschen, als daß sie völlig un-
begründet sein mögen, oder daß, wenn sie es doch nicht wären,
sie wenigstens den Anstoß gäben, den bezeichneten Uebelständen
abzuhelfen. Daß die artilleristische Ausrüstung den Wällen und
Mauern erst ihre Bedeutung giebt, versteht sich ungefähr ebenso
von selbst, als wenn von dem Gewehre behauptet würde, daß
es seine Bedeutung erst von der Munition erhalte, was doch
wohl kaum Jemand bestreiten wird. Wenn es nun wahr wäre,
„daß man auf jene Ausrüstung mindestens bis noch vor Kur-
zem ein zu geringes Gewicht gelegt habe und daß wohl auch
jetzt noch die Mittel der preußischen Festungs-Artillerie in kei-

nem ausreichenden Verhältnisse zu ten Festungen selber fäuten", so wäre das allerdings ein sehr beklagenswerther Umstand. Unserem Verf. erscheint aber die vermuthete mangelhafte artilleristische Ausrüstung unserer mit so ungeheuren Kosten hergestellten festen Plätze um so bedenklicher, als man nicht vergessen dürfe, daß, wenn sich für das offene Feld mit Recht eine Tendenz zeige, die Artillerie der Armeen zu vermindern, sich für den Festungskrieg eine entschieden entgegengesetzte geltend mache und machen müsse, wie das auch die Belagerung von Sebastopol erweise, welche mit einem artilleristischen Aufwande von Mitteln geführt worden, wie nie eine zuvor. Die Tendenz aber liege in der Natur der Sache, denn im Festungskriege bestehen die Motive nicht, welche für den Krieg im offenen Felde auf eine Verminderung der Geschütze hindrängen, weil die Artillerie dort der Bespannung nur in Ausnahmefällen und in sehr geringem Maße bedürfe, vornehmlich aber, weil das kleine Gewehr seiner neuerdings so außerordentlich vermehrten Tragweite ungeachtet in diesem Kriege, der meist ein Kampf hinter Deckungen ist, die nur von Geschütz zu alteriren sind, nothwendig für die Entscheidung zurücktreten müsse. Festungen unzureichend mit Geschütz ausrüsten heiße also darum wesentlich so viel, als ihnen die Mittel nehmen, die einzige Waffe unbeschränkt und mit Nachdruck handhaben zu können, welche in Belagerungskämpfen eine volle Geltung habe.

Das ganze Verhältniß, was hier besprochen wird, hat aber den entscheidensten Einfluß auf die Construction der festen Plätze selbst, weil es mit der Frage zusammenhängt, welche Waffe ich bei der Vertheidigung als die Hauptwaffe betrachte, das Geschütz oder das kleine Gewehr, eine Frage, welche aber seit den großen Verbesserungen, welche die neueste Zeit in bei-

den eingeführt, auch nothwendig ganz neue Motive der Entscheidung hier- oder dorthin geschaffen habe. Die gezogene
Kanone und das weittragende Gewehr wirken auf die Fortifikation wie ein neues verbessertes Mittel bei einer alten Aufgabe, es erleichtert oder erschwert sie, je nachdem es dem einen
oder dem andern Faktor zu Gute kommt. So ist die große
Frage, welche für die Fortifikation diesen neuen Mitteln gegenüber zunächst zu entscheiden ist, die: kommen sie dem Angriffe
oder der Vertheidigung zu Gute, oder beiden, und wenn beiden, einem am meisten oder beiden gleich? In einer Sache
aber scheinen sie entschieden der Vertheidigung zu Gute zu kommen, und zwar in einer, welche für das Umschließen großer
Räume so wichtig ist, ein Umschließen aber, welches eben unter die
wesentlichsten und unabweisbarsten Bedürfnisse des großen Krieges gehört. Dies Umschließen geschieht theils direct durch
gerades Absperren, oder indirect durch Bestreichen der Zwi-
schenräume einzelner fester Punkte. Je weiter reichend nun
mein Feuer ist, je länger können die Linien der directen, je
größer die Entfernungen zwischen den festen Punkten der in-
directen Absperrung sein. Unser Verf. nimmt von diesem Verhältnisse her ein System in Schutz, welches mit langen Linien
einen Kern direct, und mit ziemlich weit auseinander liegenden
festen unabhängigen Punkten einen weiter vorliegenden Kreis
indirect sperrt. Ein System, was sich besonders von dem so
wichtigen Kostenpunkte her wesentlich empfiehlt, und was sich
besonders dann als das einzig richtige zeigt, wenn die Befestigungen, wie sie es doch ein- für allemal sollen, sich als ein
Glied in der großen Kette von Mitteln betrachten, welche dem
großen Kriege zu seinen Zwecken dienen sollen. Vorzugsweise
aber von dieser Verbindung mit all den anderen Mitteln des

großen Krieges her, und von der sich die Fortifikation nie los-
sagen darf, weist auch die Theorie des großen Krieges auf jene
wohlfeile Manier hin, welche allein große Landesbefestigungen
im Sinne des großen Krieges möglich macht, und spricht es
aus, daß ein jeder Platz, der als Kern eines Gruppensystems
dienen soll, stark genug sei, wenn er einen von langen, mit
guter Flankenvertheidigung versehenen Linien leicht umschlossenen
Kern mit vorgeschobenen isolirten geschlossenen und unabhängigen Werken enthalte, und wenn er sich, wie es ja überall
leicht geschehen kann, an ein Terrain anschließt, welches den
Bedürfnissen eines Vertheidigungskrieges entgegenkommt.

Was unser Verf. nun im Anschluß an diese Ansichten im
Einzelnen weiter entwickelt, was er von einem echelonirten Re-
douten-Systeme mit Cavalieren und Bonnets für den directen
Abschluß in Großfronten für seine projectirte Befestigung von
Berlin vorbringt, dem stimmen wir mit vollster Ueberzeugung
bei, nur daß wir es nicht für Berlin, sondern zunächst für
Breslau, Königsberg und Trier in Anspruch nehmen.

Ein folgender Abschnitt: „das befestigte Berlin als
Depot-Hauptpunkt" überschrieben, behandelt das Bedürfniß eines solchen Platzes für Preußen. Wir sind keineswegs
gesonnen, ein solches abzuleugnen, und denken auch, daß die
Geldmittel dazu für das heutige Preußen kein Hinderniß sein
können für seine Einrichtung. Wir würden aber dazu Berlin,
auch wenn es befestigt wäre, kaum wählen, sondern entweder
Spandau, Küstrin oder Stettin, als die einer Gefahr am wenigsten ausgesetzten Punkte, und wo die nöthigen Anlagen zugleich fortifikatorischen Zwecken dienen könnten. Eine Rücksicht
auf Transport hier- oder dorthin giebt es bei unserem so weit
durchgebildeten Eisenbahnsysteme kaum mehr, und will man bei

der Anlage eines solchen Hauptdepots auch jetzt schon Rücksicht
nehmen auf unsere sich noch im unerfreulichsten embryonischen
Zustande der Entwickelung befindenden Marine, so dürfte dann
wohl Stettin der eigentliche Platz dafür sein, da wir dem Verf.
darin völlig beistimmen, daß alle Anstrengungen gemacht werden
müßten, Swinemünde zu unserem Kriegshafen zu machen, was
durch Verlängerung der Molen und durch Vertiefung des Fahr=
wassers gewiß mit leichteren Mitteln zu Wege zu bringen wäre,
als das große See=Etablissement in dem unglücklichen Jahrbe=
busen oder auch auf Rügen. Die Gründe, welche unser Büch=
lein für Swinemünde entwickelt, scheinen uns schlagend, und
es zeigt sich auch bei dieser Angelegenheit, wie schwer es ist,
auf den rechten Weg zurückzukommen, wenn man erst einmal
einen falschen eingeschlagen hat, und welch üble Sache es ist,
kostspielige Dinge zu beginnen, ehe sie durch eine weite und
breite Besprechung nach allen Seiten und Beziehungen hin er=
gründet worden sind.

VIII.

Im 19ten Abschnitte kommt unser Verf. nun noch ein=
mal auf die politisch=militärischen Gründe zurück, welche ihm
eine Befestigung von Berlin im großen Style so äußerst wün=
schenswerth erscheinen lassen. — Er scheint selbst zu fühlen,
wie wenig Hoffnung er hat, mit seinem Projekte durchzubrin=
gen, so lange er uns nur mit einem der drei mächtigen Nach=
barn allein in den Kampf verwickelt, denn er ist selbst der
Meinung, daß ein solcher den Feind von Westen oder
Osten her schwerlich je über die Oder oder die Elbe
in die Nähe von Berlin bringen könnte. Er zeigt uns
daher das Schreckbild eines Kampfes zugleich mit Rußland und

Frankreich und wo möglich zugleich auch noch mit Oestreich.
Denn der Verf. will sich zwar auf die bedenkliche Verbindung
Frankreichs und Rußlands wider uns beschränken, aber doch
nur, wenn er der östreichischen Politik für alle etwa eintreten=
den Fälle sicherer wäre, als er es in der That ist. Aber ver=
möge einer hier nicht genug zu berücksichtigenden Prinziplosig=
keit, welche allen Mächten eigen ist, an deren Politik sich die
öffentliche Meinung nicht betheiligt, läßt Oestreich in ihm das
Bedenken fortbestehn, daß es sich, unter Voraussetzung einer
gewissen Weltlage, und nachdem dieses oder jenes vorangegan=
gen, nicht nur Frankreich oder Rußland allein, sondern auch
beiden wider uns anschließen könnte. Freilich, unter solchen
Voraussetzungen mögten wir nicht nur Berlin, ja jeden Ort
mögten wir befestigt haben, und aus jedem Einwohner einen
Helden machen, so daß wir im Stande wären allen dreien
gleich erfolgreichen Widerstand entgegen zu setzen, und selbst
wenn uns das gegeben würde, würden wir noch besorgen, das
schwere Werk werde uns nicht gelingen, wenn die anderen es
ernsthaft meinten und nur erträglich geführt würden. Aber
selbst in solchem für uns undenkbaren Falle würde uns nur
dann eine Rettung möglich dünken, wenn es gelänge, durch
große Festungs = Shsteme am Rheine den westlichen Nachbar
dort mit geringer Macht festzuhalten und durch eben solche an
der Oder und Weichsel unterstützt den südlichen und östlichen
Nachbar mit der Hauptmacht auseinander zu halten, also ein
offensiv inneres centrales Vertheidigungssystem durchzuführen.
Sollen wir uns aber Rhein und Elbe von der einen und
Weichsel und Oder von der anderen Seite für verloren denken,
dann mögte auch die Großfestung Berlin schwerlich mehr etwas
leisten, was einer Rettung ähnlich sähe. Aber wie gesagt, wir

sehen so weit uns unsere Augen tragen keine Gefahr, welche uns mit mehr als einem Nachbarn zugleich in Krieg bringen könnte ohne Bundesgenossen zu finden, welche die Gefahr eines Doppelkampfes auf einen einfachen zurückbrächten und wollen uns um so mehr auch nur auf solchen einrichten, als wir über=zeugt sind, wenn wir das, was dazu gehört, nur auf die rechte Weise gethan haben, auch für schlimmere Fälle auf's Beste eingerichtet zu sein, und als wir unsern Verf. in diesem Ab=schnitte, selbst für den Fall eines solchen Doppelkrieges gegen Rußland und Frankreich zugleich, als das beste Verfahren un=gefähr dasselbe bezeichnen sehen, was wir oben andeuteten. Er sagt aber: „Frankreich gegenüber würden wir bestrebt sein, die Rheinlinie zu halten, auf der entgegengesetzten Front aber zu vermeiden suchen, von der unteren Weichsel ab auf die Oder geworfen zu werden. Wir würden in Ostpreußen am mindesten auf eine Grenzvertheidigung uns einlassen können, aber eine Diversion von dort aus gegen die Mittelweichsel und in den Rücken der dort gelegenen russischen Festungsbasis stets vorbereitet halten. Im engeren Sinne würde unsere Kriegs=form auf beiden Frontlinien eine Central=Defensive sein, indem wir durch energische Behauptung unserer großen befestigten Positionen, namentlich am Rhein und an der Weichsel auch nachdem dieselben umgangen worden, und ausschließlich auf eine Flanken= und Rücken=Wirkung beschränkt wären, das indi=rekt zu decken suchen, was wir direkt nicht zu vertheidigen ver=möchten." Nun das klingt doch ganz wie aus der Theorie des großen Krieges entlehnt und zwar aus ihren kühnsten und an=gefochtensten Sätzen, indem es die Wirksamkeit der indirekten Vertheidigung auf das vollständigste anerkennt. Man sollte also wohl glauben, unser Verf. würde nichts anderes thun, als das vorschlagen, was wir vorschlagen würden, d. h. alle Kräfte der fortifikatorischen Landesvertheidigung dahin zu concentriren, „wo sie einer Central = Defensive mit concentrirten Hauptmassen", wie des Verf.'s Ausdruck etwas pleonastisch lautet, so dienen können, daß selbst eine doppelte Ueberlegenheit der lebendigen und beweglichen Streitkräfte nicht leicht Hoffnung hätte, sie von da wegzudrängen. Wie aber so lange ein solches Verfahren am Rheine und an der Weichsel möglich ist, so lange der Feind also dort eine Niederlage fürchten muß, für Berlin etwas zu besorgen sei, das gestehen wir, ist uns geradezu unverständlich, so lange große Armeen nicht etwa fliegen lernen oder auf den Eisenbahnen ungehindert hin= und zurückfahren können. Zuletzt ergeht sich unser Verf. in Operationsplänen auch für das schlimmste Verhältniß, für das eines gleichzeitigen Krieges von Rußland, Oestreich und Frankreich gegen Preußen, ein Gebiet, auf das wir ihm nicht folgen wollen und nehmen nur Akt von einigen Aeußerungen hier. Zuerst heißt es „in einem solchen Kampfe handelt es sich um Preußens Sein oder Nichtsein", was dem Verf. wohl Niemand bestreiten wird, aber wenn das erst der Fall ist, sobald die drei übermächtigen Feinde gegen uns auftreten, wie gering erscheint dann die Gefahr, so lange wir es nur mit einem zu thun haben, und doch ist das unter zehn verschiedenen politischen Verwickelungen, welche vorkommen könnten neun Mal der wahrscheinliche. In jedem Kriege aber, der einen Feind vor die Hauptstadt bringt, besonders wenn sie wie in Preußen fast genau in der Mitte des Landes liegt, handelt es sich um Sein oder Nichtsein. Darum handelt es sich nach dem Verf. selbst aber nur in dem einen völlig unwahrscheinlichen Falle, wo drei gegen uns stän-

ben, also ist es mindestens unnütz Berlin zu befestigen, so
lange man im Verlaufe künftiger Zeiten eher Verhältnisse erblicken muß, welche Kämpfe von zweien, von denen Preußen
der eine, gegen einen der großen Nachbarn in Aussicht stellen,
als solche in denen sich zwei oder gar alle drei gegen uns ver-
einigen sollten. Wenn aber unser Verf. sich mit dem gegen
uns waffnen will was Friedrich erlebte, gegen den wirklich
die drei großen Nachbarn auftraten, so wird er uns wohl gestatten, uns zuletzt auch mit der Autorität des großen Feldherrn
zu waffnen. Er hatte es erlebt und durfte viel mehr als es
uns gestattet ist die Wiederkehr solch schlimmen Bundes gegen
ihn erwarten, er hatte Berlin wirklich verloren und dennoch
was that er nach dem Frieden? befestigte er Berlin? o nein,
er befestigte nach damaligen Begriffen Schlesien ungeheuer stark
und suchte später einen festen Punkt an der Weichsel zu gewinnen, wie also würde er nicht an unserer kolossalen Rhein-
befestigung mehr als genug zu haben glauben und wie würde
er es für mehr als eine unstatthafte Furchtsamkeit erklären,
zu glauben, daß mit einer befestigten Weichsel wie wir sie schon haben und leicht noch weit stärker haben könnten, die Russen trotz ihres
Besitzes von Polen je dahin kommen könnten Berlin zu ge-
fährden. Und nun gar Oestreich in seiner nationalen Zerrissen-
heit, an die man nur ernsthaft anfassen dürfte, um es zu zer-
stören und in seiner finanziellen sich immer steigenden Ohnmacht,
sollen wir das fürchten?

IX.

Wir haben nun zuletzt noch eine Pflicht zu erfüllen, der
sich eine kritische Besprechung von Dingen, welche nicht Er-

zeugniſſe des Genius ſind, wie etwa alles was in das Gebiet der Kunſt hinüberreicht, ſondern dem bloßen Denken, dem Verſtande angehören, nie entziehen ſollte, nämlich der, zuletzt auch das Poſitive zu zeigen was ſie dem, wogegen ſie auftritt, als beſſer gegenüber zu ſtellen hat, oder zu haben glaubt. Wir thun dies aber hier um ſo lieber, als ſich in dem bisher Geſagten ſchon ziemlich alles was wir der Art vorzubringen haben vorfindet, und wir zugleich ſicher ſind, uns mit dem Verf. ganz in Uebereinſtimmung zu finden, wenn er, wie wir alle Urſach haben zu glauben daß es der Fall iſt, die Be- feſtigung von Berlin, ſo ſehr er auch dafür eingenommen iſt, doch erſt dann will, wenn alles das was wir als vollkommen genügend vorſchlagen werden, ausgeführt ſein wird. Daß wir uns dabei ganz auf den Standpunkt der Theorie des gro- ßen Krieges ſtellen, bedarf wohl kaum noch erſt erwähnt zu werden.

Wir ſagen alſo mit ihr und nach ihr, noch einmal alles früher Geſagte zuſammenfaſſend:

1. Jedes Kriegstheater, jede Gränze bedarf einer fortifi- katoriſchen Unterlage für den Angriff ſo gut, wie für die Vertheidigung.

2. Die beſte Unterlage der Art für den Angriff fällt mit der beſten für die Vertheidigung an dieſelbe Stelle hin, weil einfach concentriſcher Angriff und einfach excentriſche Ver- theidigung mit ihren fortifikatoriſchen Bedürfniſſen auf dieſelbe Stelle hinweiſen; Trier, Neiße, Thorn.

3. Alle Fortifikation entlehnt ihre Bedeutung nur aus ihrer engen Verbindung mit dem großen Bewegungskriege, ſie iſt deshalb immer nur in Verbindung mit den Armeen zu

denken, hat ihre Entwürfe und ihre Leistungen nur allein nach den Bedürfnissen dieser Verbindung einzurichten.

4. Ihrer unbeweglichen Natur nach gehört die Fortifika=tion als Verstärkungsmittel nur dem Vertheidigungskriege an, kann also auch nur in einem solchen, oder da wo der Angriff durch welche Ursach es sei in Vertheidigung umschlägt, die Armeen unterstützen.

5. Die Vertheidigung hat aber eben so sehr ein Bedürf=niß des Stehens wie des Gehens. Sie kann und darf nicht blos stehen bleiben, sonst wird sie eingeschlossen, sie darf aber noch weniger nur nach rückwärts gehen, sonst giebt sie auf was sie vertheidigen will, das Land.

6. So zeigt sich als letztes Auskunftsmittel allein Be=wegung in einem Kreise, der durch Terrain und Fortifikation mir überall offen steht, während er dem Feinde so verschlossen ist, daß er sich der Theile nach einander bemächtigen muß.

7. Nur Gruppen von Festungen an starken Wasserlinien lösen diese Aufgabe, um so besser natürlich, je näher sie den Gränzen liegen.

8. Jede strategische Vertheidigung ist eine indirekte, also excentrische, jede taktische eine direkte. Die ganze Vertheidi=gung, die eben in der Zusammensetzung von beiden besteht, verlangt also offensive Seitenstellung und taktische Unangreif=barkeit. Diese aber kann in einer wirklich unangreifbaren Stel=lung liegen, wie etwa hinter den Forts Franz und Alexander bei Coblenz oder in einem durch permanente einzelne Werke gebildeten verschanzten Lager, für uns bei Trier, bei Thorn und bei Neiße oder hinter der Lohe bei Breslau; oder sie liegt in der Bewegung, indem ich eine Stellung ver=lasse, wenn sie bedenklich wird, und eine andere einnehme, ohne

mich im Ganzen und Großen zurückzuziehen, d. h. in der Kreisbewegung, die also an derselben Stelle bleibt, in Gruppen-Festungen.

9. Die Stärke der fortifikatorischen Unterstützung, welche die Vertheidigung verlangt ist sehr relativ und hängt von der Ueberlegenheit der beweglichen Streitkräfte ab, welche sie zu fürchten hat.

10. Ein einziges starkes Gruppensystem wird an jeder Gränze meist ausreichen, wenn seine Verbindung mit dem Kerne der Monarchie gesichert ist. Diese aber ist gesichert, so lange ich so stark in meinem Gruppensysteme stehe, daß sich der Feind nicht davon entfernen darf ohne mir seine Verbindungen Preis zu geben. Finden sich also an einer Gränze zwei oder gar drei solcher Gruppen oder Großfestungen wenn man lieber will, sollten sie auch nicht vollständig ausgebildet sein, so ist diese Gränze so stark geschützt, daß von ihr her nichts für das tiefer hineinliegende Land, am wenigsten aber für eine 60—80 Mei-len entfernt liegende Hauptstadt zu fürchten ist.

11. Nach diesen Grundsätzen wären also zunächst den Gränzen, da wo sich die erste günstige Lokalität findet, die ersten Festungsgruppen anzulegen. Gegen Westen also bei Trier, im Osten bei Thorn, im Süden bei Neiße. Jede hätte möglichst excentrisch hinter sich eine zweite, also Trier, Coblenz-Cöln, Thorn aber Graudenz mit Danzig und Neiße Breslau. Die Lage der Dinge aber, welche uns im Osten eine doppelte nicht an derselben Stelle zu vertheidigende Gränze gegeben hat, ver-langt auch dort ein doppeltes System, also ein zweites mit der Spitze Memel und dem Rückhalte Königsberg. Wollte man dem noch, um ängstliche Gemüther zu beruhigen, ein Fest-setzen am Spreewalde durch Lübben und Peitz und ein Sperren

durch die Ruthe und Notte hinzufügen, so hätten wir nichts
dagegen, wir denken aber nicht, daß es je zur Wirksamkeit
kommen könnte, weil wir uns nicht denken können, daß preußische Heerführer der Zukunft je aller höheren wissenschaftlichen
Ansicht über den großen Krieg so verlustig gegangen sein werden,
oder so sehr des Muthes nach ihr auch zu handeln ermangeln könnten, um sich durch eine feindliche Demonstration gegen Berlin
bewegen zu lassen, die excentrische Vertheidigung in einer unserer Gruppen an der Grenze aufzugeben, und der etwa um
Hülfe rufenden Hauptstadt anders beizustehen, als durch einen
Angriff auf die durch große Entsendungen nothwendig sehr ge-
schwächte Hauptmacht des Gegners.

Von diesen Gruppen halten wir das um Trier in Verbindung mit Luxemburg und Saarlouis und mit dem so starken
Rheine im Hintergrunde, so wie das um Thorn, wenn es die
Netze mit in sich schließt mit Graudenz und Danzig hinter sich
unter dem Schutze der Armee für ebenso unüberwindlich, als
das um Königsberg, wenn es in der Art vollendet sein würde,
wie es unser Verf. angiebt. Wenn sich aber dasselbe nicht
von Neiße sagen läßt, weil das Terrain in Schlesien nicht so
gut zu Hülfe kommt, so haben wir hier auch den schwächsten
Gegner gegenüber, so daß wir mit Breslau im Hintergrunde
auch von dieser Seite nichts fürchten. Torgau mit Lübben,
und die Ruthe und Notte durch kleine Werke und Stauungen
geschlossen und ungangbar gemacht, vertheidigten dann auch
Berlin direkt gegen jede kleinere Unternehmung in dem Mittelraume, wenn Dresden nicht in unseren Hände wäre.

X.

Werfen wir aber nun einen prüfenden Blick auf Das zurück, was seit 45 Jahren zur Herstellung einer Landesbefestigung, wie sie hier gezeichnet ist, geschehen, und finden, daß es,
obschon sehr Großes geleistet worden, dennoch, wie wir aus unserer Schrift erfahren, gar sehr einer tadelnden Kritik anheim
fällt, daß eben so noch Vieles fehlt und die Gefahr noch immer vorhanden ist, daß man in den Fehlern einer verschwenderischen, überladenen Manier an nicht einmal richtig gelegenen
Orten noch weiter beharrt, wie es Posen, Königsberg, Lötzen
beweisen, so erscheint uns nichts so sehr Bedürfniß, als möglichst bald nach dem Muster Englands eine Commission von
Staatsmännern und Militärs zu ernennen, welche den ganzen
Plan, nach welchem bisher gearbeitet würde — wenn überhaupt
ein solcher existirte — einer Revision zu unterziehen hätte, oder
wenn ein solcher bisher nicht vorhanden war, einen neu ent-
werfe. Nur nach einem solchen, das Ganze umfassenden Plan
läßt sich zweckmäßig arbeiten, nur er schützt gegen das Zuviel
hier, gegen das Zuwenig dort und gegen eine unzweckmäßige
Reihefolge in den vorzunehmenden Arbeiten. Wenn aber ein
solcher auf gesunden Prinzipien ruhender allgemeiner Plan erst
feststünde, so würde die Landesvertretung auch sofort mit all
der Bereitwilligkeit dazu die Mittel bewilligen, mit der sie, seit-
dem sie da ist, auch da, wo der Nutzen und das Bedürfniß
viel weniger klar zu Tage lagen, als es hier der Fall sein
würde, viel größere Summen bewilligte, sobald dabei ihre Liebe
zu Thron und Vaterland in Anspruch genommen werden konnte.
Wären aber die Mittel bewilligt, welche kaum den Aufwand
einer einmaligen Mobilmachung überschreiten würden, während

das, was erreicht würde, nicht nur bleibend wäre, sondern bei Gelegenheit wohl eine Mobilmachung ersparte, so könnte auch mit der Schnelligkeit überall gebaut werden, welche vom militärisch-politischen Standpunkte aus so wünschenswerth erscheint, und man brauchte nicht, wie es bei Posen geschehen und bei Königsberg noch geschieht, auf eine Weise langsam zu bauen, welche ein Menschenalter vergehen läßt, ehe ein Platz fertig wird, und ehe er also im Stande ist, seine Aufgabe zu erfüllen. Das Ganze, was hier verlangt wird, könnte, nach einem wohlfeilen und einfachen Systeme entworfen, wie es für die Bedürfnisse des großen Krieges vollkommen genügt, in fünf bis sechs Jahren fertig dastehen. Es bedürfte aber auch nicht einmal der Bewilligung einer großen Summe auf einmal, sondern genügte vollständig, wenn dem Kriegsminister etwa eine Million auf eine längere Reihe von Jahren bewilligt würde; auch damit ließe sich so schnell bauen, als läge die ganze Summe von Hause aus bereit. Schon in der Theorie des großen Krieges findet sich §. 45 der Vertheidigungslehre das Alles ausgesprochen, und was ist seit den 20 Jahren geschehen und mit welchem Aufwande? Wir müssen leider unserem Verf. beistimmen, wenn er behauptet, daß davon das ganze große System, wie es gewiß von den besten Kennern des großen Krieges nicht besser verlangt worden wäre, hätte hergestellt werden können. Die Anklage, die hierin liegt, trifft nur die Todten; mögen die Lebenden thun, was an ihnen ist, die Fehler zu vermeiden und zu verbessern, wo sie können. Unser Verf. hebt aber gegen das Ende seiner Betrachtungen sogar staatsökonomische Gründe hervor, welche für die möglichst schnelle Vollendung eines ausreichenden Landes-Befestigungs-Systems sprechen, indem er behauptet, daß es zu großen Erfparnissen in den Ausgaben für Aufrechthaltung der lebendigen Streitkräfte führen werde, wenn ein solches erst fertig dastehe, und wir stehen nicht an, uns dieser Meinung vollständig anzuschließen, wenn wir es auch nur so ausdrücken möchten, daß es möglich sein werde, jene Ausgaben nicht außerordentlich zu vermehren, wozu man sich immerfort wird gedrängt sehen, wenn man nicht mit Hinweisung auf das vollendete fortificatorische Landesvertheidigungssystem jenen Ansprüchen mit Ueberzeugung und guten Gründen wird entgegentreten können. Wenn wir unserem Verf. auch gewiß darin nicht beipflichten, wenn er behauptet, daß die 12 Millionen, welche Posen nach ihm gekostet haben soll, reichlich verzinst würden durch die Ersparniß an Truppen, welche weniger gehalten zu werden brauchten, einer Behauptung, welcher er übrigens selber so lebhaft, als es von uns geschehen könnte, durch die schwere Anklage widerspricht, daß der Bau von Posen es am meisten mit verschuldet habe, daß ein großes Landes-Vertheidigungs-System noch immer unvollendet daliege — so stimmen wir ihm doch gern in der allgemeinen Behauptung bei, daß eine gute Landesbefestigung ein Mittel sei, lebendige Massen, lebendige Kräfte durch unbelebte zu ersetzen. Eine Armee im Schutze einer Großfestung oder Festungsgruppe steigert ihren Werth mindestens um ein Drittel, wenn nicht um das Doppelte. Hunderttausend Mann im Schutze einer Gruppenfestung, wie sie bei Trier oder Thorn bestehen könnte, sind an Werth mindestens 150,000 Mann ohne einen solchen Schutz gleich zu achten, 150,000 Feinde würden sie niemals daraus verdrängen! Es ist klar, auf welchem Weg der Ersparniß für die Unterhaltung der lebendigen Streitkräfte ein solches Verhältniß hinweist. Wenn unser Verf. aber bei dieser Gelegenheit noch einen Fingerzeig auf die ähnliche Wirksamkeit eines richtig entworfenen strategischen Eisenbahnnetzes giebt, so erwähnen wir dies blos, um zu zeigen, daß sich sein Blick leicht zu Allem erhebt, was in der Sache, für welche er seine Stimme laut werden läßt, von Bedeutung sein kann.

Es wäre vielleicht hier der Ort, die ganze wichtige Frage der Wirkung der Eisenbahnen auf die Kriegführung etwas näher zu betrachten; und zwar um so mehr, als sie, wie schon der oberflächlichste Ueberblick zeigt, mit der Frage der Vertheidigungsfähigkeit unserer großen Festungs-Systeme auf's Engste zusammenhängt. Wir begnügen uns aber mit der allgemeinen Bemerkung, daß auch die Eisenbahnen, richtig angelegt, viel mehr der Vertheidigung, als dem Angriffe zu Gute kommen werden. Richtig angelegt, werden sie aber den Bedürfnissen der Vertheidigung stets offen stehen, während sie auch da, wo sie in den Richtungen des Angriffes nicht zu vermeiden sind, doch leicht durch fortificatorische Vorrichtungen zu schließen und die Betriebs-Materialien leicht zu entfernen sind. So laufen beispielsweise die Eisenbahnen durch Hannover und Westphalen, und die durch Thüringen und Hessen so an den Rhein und auch bald nach Trier und Luxemburg, daß sie der Einwirkung des Feindes sehr weit entrückt sind und also der Vertheidigung stets offen stehen, wogegen die von Frankfurt nach Cassel, welche der Offensive dienen könnte, auf die leichteste Weise an mehreren Punkten fortifikatorisch zu sperren wäre, so daß sie nicht zu benutzen sein würde, auch wenn der Feind Betriebs-Material fände oder sich schaffen könnte. Es ist aber leicht, auf allen Kriegstheatern die Linien nachzuweisen, welche für die Defensive gesichert sind, und eben so die, welche einer Offensive zu dienen im Stande wären, und also fortifikatorisch geschlossen werden müßten. Das Kriterium für ein militärisch richtig angelegtes Eisenbahn-System ist aber kein anderes, als das, welches auch an das alte Straßensystem der Chausseen zu legen war, wie es sich nach der Theorie aus der Betrachtung der Verhältnisse der Verbindungen entwickelt. Daß die Linien, welche von dem Centro nach denjenigen Punkten des Umkreises laufen, an welchen sich die Vertheidigung zuerst und vorzugsweise zu halten denkt, so viel als möglich der Einwirkung des Feindes entzogen bleiben, das ist um so mehr die Hauptrücksicht, welche zu nehmen ist, als jene Vertheidigungspunkte auch die sind, von welchen aus auch die wirksamste Offensive zu führen ist. Es ist also ganz recht, daß unsere östliche Eisenbahn sich sehr nördlich hält, obschon es für manche Friedensverhältnisse besser wäre, sie thäte es weniger und ginge also über den Handelsplatz Frankfurt und dann südlich der Warthe über Posen und Bromberg und von da bei Fordon über den Strom, bei Graudenz vorbei durch das fruchtbare Preußen an der Passarge und Alle nach Königsberg, mit einer Abzweigung von Posen nach Warschau und von Bromberg nach Danzig. Umgekehrt aber wäre die niederschlesische Eisenbahn strategisch besser in der Richtung der alten Straße über Frankfurt und Crossen dicht an Glogau vorbeigeführt worden, oder doch wenigstens über Guben, Freistadt, Glogau, wie es auch wohl geschehen wäre, hätte man nicht die beiden Richtungen Breslau-Berlin und Breslau-Dresden so lange wie möglich zusammenhalten wollen, eine Art und Weise, zwei Dinge zugleich zu thun, die selten zum Guten führt. In der Richtung gegen Süden ist es militärisch gleichgültig, auf welcher Seite der Ströme die Eisenbahnen geführt werden, weil nicht vorauszusehen ist, auf welcher Seite sie bloßgestellt oder gesichert sind. Der Krieg kann hier von jeder Seite kommen.

XI.

Ein letzter Abschnitt unserer interessanten Schrift ist unseren Marine-Anlagen gewidmet. Wir befinden uns hier mit unserem Verf. ganz in derselben Lage wie oben, seinem eigentlichen Thema, der Befestigung von Berlin, gegenüber. Wie wir uns dort bei der nothwendig ersten Frage, soll Berlin im großen Style befestigt werden oder nicht, von ihm trennten und nein sagten, aber wenn es auf das Wie? ankam, ihm ganz beistimmten, so hier bei der Frage über die Marine, wo wir ebenso die Hauptfrage, ob es überhaupt eine geben soll, mit nein beantworten, dagegen, wenn es eine geben soll, ganz ihm beistimmen, daß der Punkt, wo sie hinzubringen ist, weder die Jahde, noch Rügen, sondern Swinemünde mit Stettin sei. Wenn nur die technische Möglichkeit der Anlage an diesem Punkte nicht bestritten werden kann, so erscheinen uns alle Gründe, welche der Verf. für seine Meinung anführt, vollkommen schlagend. Nur die Lage, wie sie die norbalbingischen Herzogthümer mit dem wundervollen Hafen von Kiel und einer möglichen, für die größten Schiffe brauchbaren Kanalverbindung mit der Elbe oder auch nur mit der Eider böten, und auf deren Entfremdung von Deutschland er deshalb um so schmerzhafter hinweist, erscheinet ihm geeigneter zu einer preußischen Marine-Einrichtung. Nachdem unser Verf. gezeigt, daß nur eine preußische Ostsee-Flotte je Aussicht habe, irgend wann und wo ein Gewicht in die Wage einer politischen Entscheidung zu legen, und die Frage zwischen Nordsee und Ostsee für ihn entschieden ist, zeigt er, wie es uns erscheint, auf die schlagendste Weise, daß Swinemünde mit den beiden Inseln Usedom und Wollin und der möglicherweise herzustellenden dreifachen Ausfahrt durch

die Peene, Swine und Divenow der entschieden richtige Fleck
für die nöthigen Anlagen sei. Wir empfehlen das, was unser
Verf. hierbei uns vorführt, ganz besonderer Beachtung und
weisen also ausdrücklich darauf hin.

Wenn wir aber die Hauptfrage: soll es eine preußische
Flotte geben? verneinen möchten und sagen: wenigstens keine,
die sich eine größere Aufgabe stellte, als die Erleichterung der
directen Vertheidigung unserer Häfen, so thun wir es, weil wir
fürchten, eine preußische Flotte müsse der Natur der Dinge und
Verhältnisse nach nothwendig immer nur etwas Schwaches also
Halbes bleiben und werde also nie einen Nutzen bringen, der
dem nothwendig damit verbundenen Aufwande auch nur einigermaßen entspreche. Für 20 Millionen zu einer ersten Einrichtung und dann einen jährlichen Aufwand von 2 Millionen
würde man, auch wenn man es besser anfinge als bisher, keine
Flotte schaffen auch nur halb so stark wie die russische. Sie
würde also noch mehr als es die russische geworden zur Zeit
wo sie nützen sollte nur eine Verlegenheit werden, ein Gegenstand des Angriffs für einen übermächtigen Gegner, zu kostbar,
um ihn gleich preiszugeben und zu schwach, um offensiv aufzu-
treten. Eine Flotte aber, die nicht offensiv wirken kann, die
sich in ihren befestigten Häfen eingesperrt sieht, hat nicht nur
keinen Werth, sondern ist eine Last. Was ist die Flotte selbst
Rußland im Laufe seiner ganzen Geschichte jemals und was
ist sie ihm im letzten Kriege gewesen? Nichts als ein Gegenstand traurigster Verlegenheit, an dessen Erhaltung es seine
ganze sonstige ungeheuere Kraft setzen zu müssen glaubte, um
sich dann an dieser Aufgabe so schwer zu beschädigen, daß es
am Schlusse des großen Kampfes genöthigt gewesen wäre, auch
den ungünstigsten Frieden zu schließen, wenn nicht zu rechter

Zeit eine falsche Politik hier, Entschlußlosigkeit dort und alte Eifersucht an der wichtigsten Stelle rettend dazwischen getreten wären. War die Flotte vor Sebastopol nicht, so hatte der Feind kein anderes Object für seinen Angriff, als die Steppen des Südens oder das Eis des Nordens, und weder an das eine noch an das andere hätte er sich gewagt, oder er wäre daran zu Grunde gegangen. Der Schutz unseres Handels aber ließe sich wohl leicht auf diplomatischem Wege erlangen. Schon von England ganz entschieden, wenn man dagegen bestimmte Verpflichtungen für den Fall einer bei den heutigen nautischen Verhältnissen leichter als je möglichen französischen Landung übernähme. Wir scheuen uns nicht zu behaupten, daß England einem solchen Anerbieten bereitwilligst entgegenkommen würde, und bei den gänzlich verschiedenen Interessen der freien Handelspolitik, die wohl für alle Zeiten gesichert ist, hätten dahin gehende Versprechungen Englands einen ganz anderen Werth, als sie wohl sonst gehabt hätten. Welche gesunde deutsch-preußische Politik aber könnte je eine französische Landung in England gleichgültig mit ansehen.

Aber auch Holland und Skandinavien sind so sehr unsere natürlichen Bundesgenossen und können von uns gelegentlich so wichtige Dienste geleistet erhalten, daß es nicht schwer werden könnte, sich auch von da her für viele Fälle den wirksamsten Schutz unseres Handels zu verschaffen. Holland und Skandinavien sind für eine großartige deutsch-preußische Politik nothwendig ihre treusten Freunde, weil sie die natürlichsten, auf das nächste gemeinsame Interesse gestützten Verbündeten sind. Beide können ihre ganze Kraft auf die See werfen, wohin sie von allen ihren Verhältnissen gewiesen sind, wenn sie sicher sind, von Deutschland landwärts geschützt zu sein. Das Zerwürfniß, was zwei durch alle sonstigen Verhältnisse auf das engste und innigste Bündniß angewiesene Mächte, wie es Preußen und Dänemark sind, nun schon seit Jahren so unglücklich trennt, erscheint uns deshalb auch höchst beklagenswerth und so leicht zu heben, daß man nur in der aufgeregten Leidenschaft einer kurzsichtigen dänischen Demokratie die Erklärung dazu finden kann, daß es nicht schon lange dahin hat kommen können. Könnte der beschränkte Patriotismus des Dänenthums sich nur in so weit das Verhältniß klar machen, um sich zu sagen, daß es eine dänische Macht erst dann wieder geben wird, wenn eine vollständige Versöhnung der beiden Stämme eingetreten ist, welche das dänische Reich bilden, und mit dem Deutschland und Preußen so gern auf dem besten Fuße wird stehen wollen! Ohne eine solche Versöhnung aber bleiben sich die beiden Stämme als einander feindlich gegenüber stehen und setzen, ziemlich im Gleichgewicht der Kräfte, wie es stattfindet, die Macht des Ganzen auf Null herunter. Alles aber wäre befriedigt und die Macht des Ganzen wieder hergestellt, sobald sich die klein= liche nationale Eitelkeit der Dänen nur entschließen könnte, die drei deutschen Herzogthümer als einen völlig gleichberechtigten Theil neben sich zu stellen, wie etwa Norwegen neben Schwe= den; Dänemark wäre dann wieder so stark als es seiner Natur nach sein kann, ganz Deutschland wäre gleich völlig versöhnt und fortan sein treuster Bundesgenosse zu Schutz und Trutz gegen fremde Gelüste. Deutschland hätte nur noch das Inter= esse, Dänemark aufrecht zu erhalten, die deutschen Herzogthü= mer wären treue Unterthanen und blieben gern dem dänischen Staate angehörig. Läge hierin ein Nachgeben gegen eine Ueber= macht, wie es die Ehre nicht gestattete? wir sehen es nicht, so sehr wir uns auch in eine dänische etwa berechtigte Reizbarkeit

ſetzen möchten, wohl aber ſehen wir in dem däniſchen Verfahren
gegen ihre deutſchen Staatsgenoſſen einen argen Mißbrauch
einer augenblicklich durch eine fehlerhafte deutſche Politik er-
langte Uebermacht, deſſen ſich ein ſo viel kleinerer Zweig des
ganzen germaniſchen Stammes gegen den ſo unendlich größeren
allgemeinen Mutterſtamm nicht zu Schulden kommen laſſen
ſollte. Möchte das alles ſich bald ändern.

Wie dem aber auch ſein möge, und welche Betrachtungen
und Zweifel über eine preußiſche Marine überhaupt ſich auf
ſolchem Wege auch aufdrängen, wie ſehr oder wie wenig man
auch von ihrer Zweckmäßigkeit durchdrungen ſein mag, jedenfalls ſollte man ſich von der Unſicherheit losmachen, mit der
man immer noch zwiſchen einem Etabliſſement an der Nordſee
oder an der Oſtſee zu ſchwanken ſcheint, denn beide zu betrei-
ben ſcheint doch das allerſchlimmſte. Aber ſchon daß man noch
immer ſchwankt, beweiſt, mit welcher Selbſtüberhebung bei völli-
gem Mangel aller Kenntniß des ſo ſchwierigen Seeweſens man
in die Angelegenheit des Jahdebuſens hinein gegangen iſt, die
nun ſchon ſo viel koſtet. Eine ſchwere Verantwortung für die,
welche ſie zu tragen haben.

B. Die Heer = Bildung.

Indem wir hiermit Abschied nehmen von der inhaltreichen Schrift, die uns deshalb so lange beschäftigt hat, weil sie ein für das Wohl des Vaterlandes so wichtiges Thema behandelt, wie wir kaum ein zweites kennen, erscheint es uns fast wie eine nothwendige Ergänzung unserer Betrachtungen, auch der Kräfte zu gedenken, ohne deren belebenden Hauch die todten Wälle, mit denen wir uns bisher allein beschäftigt haben, nie etwas leisten können, der lebendigen Kräfte nämlich, mit einem Worte: der Armee. Wir bewahren Alle zu sehr das schmerzliche Andenken davon, daß große fortifikatorische Mittel zur Zeit, wo sie es konnten, nichts geleistet haben, eben weil ihnen jener belebende Hauch fehlte, um nicht davon durchdrungen zu sein, daß man von einer Landesbefestigung und Landesvertheidigung, wozu sie dienen soll, eigentlich gar nicht sprechen kann, ohne auch jene lebendigen Kräfte mit in Betrachtung zu ziehen.

So nahe mithin also auch schon hier die Versuchung läge, die ganze Organisation der Armee einer Besprechung zu unterziehen und dann die Frage zu erheben, ob und wie sie hoffen dürfe, den Anforderungen heutiger Kriegskunst Genüge zu leisten, so versagen wir uns das doch für jetzt und begnügen uns vielmehr mit einer kurzen Entwickelung der ideellen Anforderungen, welche die heutige Kunst an ihr vornehmstes In-

5

ſtrument, mit dem ſie zu arbeiten hat, an die Armee zu machen
hätte, um daraus auf die Einrichtungen nur hinzudeuten, welche
jenen Anforderungen nach unſerem Dafürhalten entſprechen würden, alſo eine ungefähre Organiſation zu zeichnen, wie ſie uns,
der heutigen ſich möglichſt nah anſchließend, etwa vorſchwebt.

I.
Allgemeines.

Der Zweck einer Armee-Einrichtung iſt der Krieg, für ihn
iſt ſie da, ihm zu dienen, ſeine Zwecke zu erfüllen, iſt ihre
einzige und alleinige Aufgabe; für den Krieg und nur für
den Krieg muß ſie zweckmäßig eingerichtet ſein. Dinge und
Einrichtungen, welche alſo für den Krieg unzweckmäßig ſind,
müſſen von ihr eben ſo entſchieden fern gehalten werden, wie
ſolche, welche der Krieg fordert, mit aller Anſtrengung, mit jedem Opfer herbeigeſchafft und durchgeſetzt werden müßten.

Die Armee, als das vornehmſte Inſtrument des Krieges, muß
eben ſo, wie Alles, was er ſonſt braucht, im Frieden gebildet werden. Der Krieg braucht das fertige Inſtrument, er hat keine Zeit,
es erſt zu bilden. Ich muß den Krieg aber kennen, muß wiſſen, was er verlangt, welche Aufgaben ihm vorliegen, um das
Inſtrument zweckmäßig einrichten zu können, und die, welche es
brauchen ſollen, müſſen eben ſo die rechte Kenntniß vom Kriege
haben. Wie ſoll ich wiſſen, was zweckmäßig iſt, wenn ich das
nicht genau kenne, wofür es zweckmäßig ſein ſoll, und wie ſoll
ich ein Inſtrument zweckmäßig gebrauchen, wenn ich nicht wieder das genau kenne, wofür es zweckmäßig iſt.

Alſo: Kriegskenntniß überall erſtes und größtes Bedürfniß
zum Schaffen wie zum Gebrauche der Mittel.

Der Krieg muß aber im Frieden gelernt werden, denn wenn es zum Kriege kommt, soll ich ihn ausüben, und ausüben kann ich nur, was ich schon kenne. Das ist die große Schwierigkeit zur Zeit eines langen Friedens, deren Lösung allein im Studium liegt. Die Kriegsgeschichte allein aber lehrt den Krieg, und eine richtige Theorie lehrt, wie man ihn aus der Kriegsgeschichte lernen kann.

Also die beständige Abstraktion welche nöthig ist, das beständige Hinübersehen aus dem was ist, auf das was nicht ist, aus dem Frieden in den Krieg, von der Regel zu der Ausnahme: das ist die Schwierigkeit bei den Einrichtungen für den Krieg und die Ursache der beständig wiederkehrenden Erscheinung, daß immer wieder im Frieden eine Menge Dinge sich herandrängen, welche der Krieg nicht brauchen kann, und eine Menge Dinge vernachlässigt werden, welche der Krieg höchst nöthig braucht. Alle fehlerhaften Einrichtungen, alle Spielereien, wie sie sich besonders im Anzuge und in einer auf Unnützes gerichteten Dressur nur immer wieder zu leicht einfinden, haben ihren meist unschuldigen und bewußtlosen Grund in dieser Schwierigkeit des beständigen Festhaltens jener Abstraktion, und doch ist ohne sie die zweckmäßige Organisation einer Armee nicht möglich.

Die Kraft und Stärke einer Armee ruht aber in drei Dingen:

1) in der Zahl oder der Masse;
2) in ihrer Gliederung und Einrichtung, in ihrer Organisation, und zuletzt
3) in der Führung.

Wir wollen diese Elemente der Kraft nach einander besprechen.

1. Die Zahl oder die Masse.

Nichts ist einfacher, als daß, wenn alles Andere gleich ist, die Zahl der Streiter jedesmal den Ausschlag geben wird. 20,000 Mann werden 30,000 Mann auf die Länge nicht wiberstehen können, wenn sie etwa nicht besser geführt, besser bewaffnet, besser geschult oder tapferer sind. Eine große Ueberlegenheit in der Zahl zu haben, ist deshalb immer Etwas, wonach Armeen zu trachten haben. Das richtige Gefühl hiervon hat deshalb auch in alten und neuen Zeiten die Gesetzgebung aller Staaten häufig dahin gebracht, sich diese so wichtige Zahl dadurch zu sichern, daß sie mehr oder minder allgemein den Zwang zum Tragen der Waffen einführte. Natürlich ist da am besten für dieses wesentliche Bedürfniß des Kriegführens gesorgt, wo dieser Zwang allgemein ist, wie er sich denn vom idealen staatlichen Standpunkte aus durchaus rechtfertigt. Unsere Einrichtung in Preußen erreicht hier vollständig die ideale Höhe dadurch, daß sie sogar die Stellvertretung verbietet. Das Höchste für diese Erde, das Leben selber, ist für den Aermsten wie für den Reichsten ein gleich unbezahlbares Gut, und der Staat hat also ganz Recht, wenn er es von Allen ohne Unterschied fordert. Jede ideelle Anforderung erhebt aber auf einen idealen Standpunkt, erhebt das Leben auf eine sittliche Höhe. Diese Wirkung hat aber jene ideelle Anforderung der allgemeinen Dienstpflicht ohne Stellvertretung bei uns bereits gehabt. Daß Jeder, auch der Reichste und Vornehmste, diese Pflicht gegen das Vaterland selbst erfüllen muß, daß sich diese Ehrenpflicht nicht mit Geld abkaufen läßt, das hat die Stimmung unserer Mannschaften so gehoben, daß unsere Armee von der Seite her wohl allen anderen überlegen ist. Es würde uns daher auch geradezu wie eine Art Verbrechen erscheinen, an diesem Theile unserer Organisation nur irgendwie rühren zu wollen. Die Aufgabe, welche mithin jetzt vorliegt, scheint vielmehr die, das Gesetz nun auch so zu handhaben, daß es alle die guten Folgen, welche es haben kann, auch wirklich habe; daß also zuerst Alle, welche das Gesetz zu den Waffen ruft, auch so weit in ihrem Gebrauche unterwiesen werden, um sie mit dem nöthigen Geschick führen zu können, aber auch eben so, daß sie nicht länger zu diesem Zwecke von ihrer sonstigen freien Lebensbestimmung zurückgehalten werden, als dazu nöthig ist. Lautet also der eine Theil der ideellen Anforderung dahin, daß alle Waffenfähigen auch tüchtig gemacht werden sollen, die Waffen zu tragen, so lautet ein zweiter Theil dahin, daß dazu nicht größere Opfer, besonders an Zeit, von ihnen gefordert werden, als nöthig ist. Endlich aber verlangt ein dritter Theil jener ideellen Anforderung, daß der gleichen Pflicht auch gleiche Rechte gegenüber stehen, daß Jeder aus seiner geleisteten Pflicht auch gleichen Vortheil ziehen könne.

Ohne Zweifel sehen wir uns mit diesen ideellen Anforderungen, wenn wir sie an unsere Zustände halten, noch in mannichfachem Rückstande. Ein großer Theil unserer waffenfähigen Jugend bleibt nach Bestimmungen, die theils willkürlich, theils fraglich sind, ohne herangezogen zu werden, zu Hause, ein anderer wird länger, als es für das Erlernen nöthig ist, bei den Fahnen zurückgehalten, und was wohl das Schlimmste ist, jener erste Uebelstand hat seinen Grund in dem zweiten. Der eine Theil kann nicht herangezogen werden, weil der andere länger, als es nöthig scheint, im Dienst zurückgehalten wird. Sonst trägt man wohl ein Uebel um eines damit verbundenen Guten willen, aber ein Uebel um eines Uebels willen tragen zu lassen, scheint doppelt schwer zu rechtfertigen. Zuletzt aber wird auch die Anforderung, daß den gleichen Pflichten auch gleiche Rechte gegenüberstehen sollen, an manchen Stellen geradezu verletzt, an anderen wird ihr nicht die gebührende Rechnung getragen. Einige können gar nicht herauf kommen, Anderen wird es entweder verleidet, oder so erschwert, daß sie es lieber von Hause aus aufgeben, weil sie der Meinung sind, es werde ihnen doch nicht gelingen, sich aufzuschwingen. Die Meinung, daß es so sei, ist wenigstens vielfach verbreitet und hält wohl eine Menge trefflicher Elemente entfernt.

Wie dem aber auch sein möge, so haben wir hier für jetzt nur jene ideellen Anforderungen festzuhalten, welche uns die verlangte Stärke von der Seite der Zahl her zu geben versprechen, also:

1) allgemeine Dienstpflicht ohne Stellvertretung;
2) nöthige Ausbildung aller waffenfähigen Mannschaft, aber auch nicht mehr als das, und
3) gleiche Berechtigung bei gleicher Verpflichtung.

2. Die Gliederung oder Organisation der Masse.

Eine Anzahl bewaffneter Menschen ist noch keine Truppe, eine große Menge noch keine Armee, erst die Organisation macht sie dazu. Die Organisation hat keinen andern Zweck als den, die Masse so zu gliedern, wie es die Bedürfnisse des Kampfes fordern. Es ist die Aufgabe der Organisation, die vielköpfige und vielgliedrige ungeheure Masse, die sich Armee nennt, so einzurichten, daß sie in der Hand des Feldherrn das willige und geschickte Instrument zum Siege bilden könne. Diese Masse aber ist keine blos mechanische, sondern sie besteht zum größten Theile aus Menschen, die neben ihrer mechanischen Kraft noch

geiftige Eigenfchaften und eine fittliche Kraft haben, welche mir
die Maffe erft zu Gebote ftellt. Ihr Wille fowohl wie ihre
geiftigen Fähigkeiten müffen mir zur Verfügung ftehen. Die
ganze Kraft einer Armee befteht darin, daß ihre ganze Stärke
auf einen Punkt, auf einen Zweck gerichtet werden kann, was
zuletzt nur dadurch möglich ift, daß nur ein Wille herrfcht und
alle andern unbedingt gehorchen. Der Gehorfam, oder wie
man es auch wohl fonft nennt, die Disciplin macht alfo eine
Armee erft zur Armee, ohne fie ift fie ein Chaos wilder Kräfte,
wäre der Untergang des Staates, dem fie angehörte, anftatt
das Mittel zu feiner Erhaltung zu fein. Daher die Strenge,
mit der zu allen Zeiten und bei allen Völkern in ihren Armeen
auf den Gehorfam gehalten worden ift, bei den freien Völkern
am meiften. Die römifche Disciplin war die ftrengfte des
Alterthums und heute ift es die englifche. Aber der Gehorfam wurzelt ficherer in der Einficht des freien Mannes, als
in dem Zwange und in der Furcht vor der unerbittlichen Strafe
bei dem Sklaven. Der Gebildete giebt mit feiner Einficht eine
beffere Sicherheit für feinen Gehorfam, als der Ungebildete in
der Furcht vor der Strafe. Gilt dies aber fchon vom Gehorfam, fo gilt es noch viel mehr von einer anderen ebenfo we-
fentlichen Eigenfchaft der Heere, von der Tapferkeit, welche,
wo fie nicht als natürliche Gabe vorhanden ift, vielmehr durch
Bildung, Schaam und Ehrgefühl erfetzt wird, als durch die
Furcht. Das bekannte: der Soldat müffe den Stock mehr
fürchten, als die feindlichen Kugeln, ift nie wahr gewefen.
Was aber die Naturgabe der Tapferkeit in unferen heutigen
Armeen, die ja überall nationale find, unterftützt und belebt,
ift das Ehrgefühl, was bei uns wenigftens bis auf die unter-
ften Klaffen hinunter durch das Beifpiel der Vorgefetzten,

welche in der Gefahr sich überall voranstellen, leicht in Bewegung zu setzen ist. Dies Beispiel ist von der höchsten Wichtigkeit, der Soldat ist wie seine Führung, entschlossen oder zaudernd, tapfer oder feige, ausdauernd oder nachlassend, kühn oder furchtsam. Durch das Beispiel wirken die unteren Grade auf die Masse und die höheren auf die niederen Grade, da liegt das ganze Geheimniß der Tapferkeit einer Truppe, also ihrer ersten und unentbehrlichsten Eigenschaft. Hier liegt die Erklärung der Erscheinung, daß oft fast ganz rohe oder doch nur schlecht exercirte Truppen so Großes leisteten, wie wir unter uns selbst das erhabene Beispiel bewahren, und dagegen oft überdrillte Massen wenig geleistet haben.

Das erste und hauptsächlichste, was ich von der Organisation verlange, ist, die gut erhaltene Truppe am Tage wenn es gilt an den Feind zu bringen, daß sie hier frisch drauf los gehe und dort fest Stand halte. Was dazu am meisten beiträgt, das ist das Wesentlichste der Organisation, und das ist nicht die etwas größere oder geringere Ausbildung in den mechanischen Fertigkeiten der Masse, sondern das Beispiel und das Geschick der Vorgesetzten. Auf diesen also, auf ihrer Tüchtigkeit, ihrem Muthe, ihren Kenntnissen, ihrem Ehrgefühl, darauf ruhen die Erfolge im Gefecht. Wie sie sind, so ist die Masse; das ist eine Behauptung aller großen Feldherren, aller Kenner des Krieges aus allen Zeiten, das ist auch der Sinn von Napoleons berühmter Behauptung zur Zeit der Schlachten von Lützen und Bautzen: vieux officiers et jeunes soldats c'est la meilleure trouppe. Seine Armee, mit der er jene Siege erfocht, bestand aber ganz aus Rekruten und nur weil er sie mit den alten Offizieren und Unteroffizieren versehen konnte, welche er aus Spanien heranzog und mit denen, welche sich aus der

furchtbaren Katastrophe von Rußland gerettet hatten, war es möglich gewesen, wieder so schnell eine Armee zu bilden und mit
ihr zu leisten was er leistete. Daneben aber giebt unsere
eigene siegreiche Armee von 1813 ein zweites schlagendes Beispiel für die Richtigkeit der Behauptung, daß die Führung die
Truppe mache. In der ganzen damaligen Armee gab es wohl
nur sehr wenig Leute unter den Gemeinen, welche 2 Jahre
gedient hatten und die Landwehr bestand nur aus Rekruten.
Aber die Menge der tüchtigen Offiziere und Unteroffiziere der
alten aufgelösten Armee von 1806 machte daraus eine Truppe,
wie wir sie uns nie besser wünschen wollen. Wenn man aber
dies zwar zugeben, dagegen aber einwerfen wollte: ja, damals
mochte das wohl genügen, da half die begeisterte Gesinnung
über alle Mängel hinweg, so wollen wir das gewiß nicht bestreiten, uns aber doch von dieser Gesinnung auch für jeden
künftigen Krieg so viel vorbehalten als nöthig ist und als uns
auch gewiß nicht fehlen wird, so oft es einen Krieg gilt, in
welchem die Gesinnung des Volkes mit unseren Heeren ist, einen
anderen aber dürfen wir wohl nicht besorgen, er ist nach dem
ganzen Zuschnitte heutiger Verhältnisse ziemlich unmöglich.

Nach allem diesen aber scheint es für die Organisation
einer Armee vorzugsweise darauf anzukommen, sich den Theil
ihrer Kraft, welcher die Masse belebt und zu dem macht, was
sie sein soll, die unteren Chargen also in bester Beschaffenheit
und in größter Menge im Frieden auszubilden. Das führt
aber auf eine Art Cadre-System mit sehr zahlreichen Chargen
im Verhältniß zu der Mannschaft, welche im Frieden bei den
Fahnen gehalten wird. Wenn, wie es bei uns in Preußen
der Fall ist, die Armee, welche im Frieden erhalten werden
kann, kaum ein Viertel von dem ist, was wir im Kriege brau-

chen, so kann und darf ich die Kosten und die Anstrengung des Friedens nur auf das richten, was ich mir zur Zeit des Bedürfnisses auf keine Weise schaffen kann, also auf alle die Dinge, welche Zeit brauchen und die weder mit Geld noch mit Menschen zu ersetzen sind. Das sind aber vorzüglich zwei Dinge, ein lebendiges und ein todtes Material, Führer und Befestigungen mit Allem, was damit zusammenhängt. Also ein zahlreiches, so gut als möglich durchgebildetes Offizier- und Unteroffiziercorps und ein wohl durchdachtes Landesbefestigungssystem mit großen Vorräthen von Dingen, die nicht schnell zu schaffen sind, das sind die Dinge, auf welche der Friede seine Mittel und seine Anstrengung zu richten hat.

II.
Organisation.

Es wäre nun zuzusehen, wie eine Armee gestaltet sein würde, welche nach diesen Grundsätzen gebildet wäre, und wenn sich dann ergäbe, daß bei solcher Bildung alle die Uebelstände vielleicht wegfielen, über welche man bei der bisherigen Organisation in Preußen klagt, so wäre das wohl keine geringe Empfehlung. Schlösse sich dabei die Aenderung mit Leichtigkeit an die bisherigen Formen an, behielten sie all das Gute was darin liegt bei, so wäre das ein Vortheil mehr, es wäre ein stätiger sanfter Uebergang, nichts Gewaltsames, eine Weiterbildung, keine bedenkliche Umformung, eine Reformation, keine Revolution.

Wir halten aber dabei als Hauptgrundsatz daran fest, daß eine Ausdehnung von einem beschränkten Friedensfuße auf den sehr erweiterten Stand des Kriegsbedürfnisses nur dadurch

zweckmäßig zu bewerkstelligen ist, daß ich in gut gebildete Rahmen die Masse einschiebe, welche den erhöhten Stand bilden
soll. Also viel Bataillone und viel Esquadrons mit vollen
Chargen und verhältnißmäßig weniger Mannschaft im Frieden
besser, als weniger solche Rahmen mit größerer Friedensstärke
an Mannschaften, und dem gegenüber die Nothwendigkeit für
den Krieg ganze Truppentheile neu zu bilden, was eben unser
bisheriges System bildete.

Die volle Aufgabe hat aber neben der rein militärischen
Schwierigkeit noch eine eben so große finanzielle. Nichts leichter, als mir ein genügendes System auszudenken, wenn ich
auf die Kosten gar keine Rücksicht zu nehmen brauche. Preußen ist aber verhältnißmäßig arm und wir glauben nicht, daß
man daran denken darf, das Kriegs-Budget über 30 Millionen
hinaufzuschrauben. Zwischen solchen Beschränkungen aber, wie
sie sich so von vielen Seiten heranbrängen und den Anforde-
derungen einer idealen Einrichtung kann nur eine sehr schwierige Ausgleichung vom höchsten staatsmännischen Standpunkte aus stattfinden; auf dem nicht zu stehen und nicht
stehen zu können wir uns sehr gut bewußt sind, und
darum uns sehr gern bescheiden, wenn wir beschuldigt werden,
Unausführbares in Vorschlag zu bringen, so sehr wir uns auch
bemüht haben, uns auf den richtigen praktischen Standpunkt
zu stellen.

Es wird am besten sein, die einzelnen Waffen nach einander zu betrachten.

1. Infanterie.

Jedes heutige Linien-Bataillon wird ein Regiment von
drei Bataillonen, wovon zwei Füselier-Bataillone aus dem Li-

nien-Bataillon und das dritte oder Grenadier-Bataillon aus
dem bisherigen gleichnamigen Landwehr-Bataillon gebildet werden. Das Bataillon zu 4 Compagnien, in 2 Gliedern for-
mirt; die Compagnie zählt im Kriege 4 Offiziere, 1 Feldwebel,
13 Unteroffiziere und 175 Gemeine.

Im Frieden 4 Offiziere, 1 Feldwebel, 11 Unteroffiziere
mit 10 Capitulanten (Gefreite).

Einen Sommer-Stand von .... 100 Gem.,

einen Winter-Stand von ..... 60 ⸗ und

4wöchentlichen Uebungs-Stand von 175 ⸗

Das Grenadier-Bataillon tritt im Frieden nur alljährlich
zu einer 8⸗ bis 10 tägigen Uebung unter Zelten im Lager in
der Kriegsstärke zusammen. Es erhält eine kleine Auszeichnung
an der Uniform.

Die Leute dienen 2 Jahre bei den Füsilieren und bleiben
dann 6 Jahre in der Reserve, während welcher Zeit sie ohne
Erlaubniß der Militär-Behörde nicht heirathen dürfen (An-
träge dazu gehen von der Civil-Behörde aus und sind in der
Regel zu berücksichtigen), und 5 Jahre bei den Grenadieren
1sten und 5 Jahre bei den Grenadieren 2ten Aufgebots. Im
Ganzen 1 Jahr weniger als bisher, die Dienst-Jahre sind
nur etwas anders vertheilt.

Das Offizier-Corps jedes Regiments besteht ebenso wie
das der Unteroffiziere und Gemeinen aus aktiven und beurlaubten. Die beurlaubten Offiziere entsprechen den bisherigen Land-
wehr-Offizieren, werden von dem ganzen Offizier-Corps des
Regiments gewählt. Es giebt deren 16 per Regiment; sie
avanciren, so lange sie dienen nach ihrer Ancieunetät mit; sie
können jährlich zu einer 4wöchentlichen Uebung zum Regiment
eingezogen werden. Ebenso hat das Regiment 48 beurlaubte

Unteroffiziere und 4 Feldwebel in dem Landwehr-Bezirk wie bisher. Zu den Controlversammlungen und den Aushebungs- geschäften werden inaktive und pensionirte Offiziere angestellt; sie sind die Vorgesetzten der Bezirksfeldwebel. Tritt das Gre- nadier-Bataillon zusammen, so erhält es seine ganze Prima Plana vom Regiment, und zwar in der Regel die ältesten jeder Charge.

Jedes Füsilier-Bataillon stellt alljährlich am 1. April 160 Rekruten ein. Da die Leute ihm 8 Jahre bleiben, so zählt es ohne Abgangsprozente . . . $8 \times 160 = 1280$ Mann, und jedes Grenadier-Bataillon aus den Uebertretenden der beiden Füsi- lier-Bataillone gebildet zählt . . . . $5 \times 320 = 1600$ „ im ersten und 1600 Mann im zweiten Aufgebot.

Ein Regiment disponirt also

über 2 Füsilier-Bat. . . mit 2560 Mann, und
„ 2 Grenadier-Bat. . „ 3200 „

zusammen . . . 5760 Mann,

welches selbst mit 10 pCt. Abgang noch über 5000 Mann beträgt.

Drei solcher Regimenter bilden eine Brigade zu 9 Feld- Bataillonen und drei Bataillone Besatzungs-Truppen, woraus sich denn jede zweckmäßige Kriegsformation leicht bilden ließe. Ein Armee-Corps zählte so mit seinem Reserve-Regiment und seinem Jäger-Regimente zu 2 Bataillone, 41 Feld-Bataillone Infanterie zu 700 Köpfe mithin

$$41 \times 700 = 28{,}700 \text{ Feuergewehre,}$$

und 18 Bataillone Besatzungs-Truppen.

III.
Gründe für solche Formation.

Die Vortheile solcher Formation wären folgende:

1. Füseliere und Grenadiere bilden ein Regiment unter einem Commandeur. Was bisher unerreichbar war, würde erreicht werden, der Commandeur würde für seine Grenadier-Bataillone so gut sorgen, wie für seine Füseliere d. h. vorzüglich dafür, daß er in seinen beurlaubten Offizieren und Unteroffizieren, die ja meistens für den Krieg in seine Füselier-Bataillone eintreten würden, eine tüchtige Vermehrung fände.

2. Die Grenadier-Bataillone, entschieden die Elite unserer Mannschaften, könnten auch die Elite der Offiziere und Unteroffiziere erhalten, würden dann sicher, was sie sein könnten, eine Elite-Truppe, und alle Bedenklichkeiten und Mängel, welche man der bisherigen Formation der Landwehr glaubte vorwerfen zu müssen, fielen mit einem Male weg.

3. Dies System würde nach einigen Jahren auch das 2te Aufgebot mit brauchbaren Offizieren und Unteroffizieren versehen, wenn auch die beurlaubten Offiziere mit dem 33 sten Jahre übertreten, wenn sie wollen.

4. Die große Stärke der Bataillone gestattet, nicht nur im Anfange unsere 20- und 21 jährigen jungen Leute, welche den furchtbaren Anstrengungen des Krieges meist noch nicht gewachsen sind, zu schonen, sondern es giebt auch die Aussicht, selbst einen sehr starken Abgang im Kriege nicht auf eine unzulängliche und menschenverschwenderische Weise mit Rekruten decken zu müssen.

Ein fortgesetzter Nachschub geübter Leute könnte stattfinden, was ungeheuer wichtig.

5. Es bietet das Mittel zu jeder nöthig scheinenden neuen
Formation für Ersatz= und Besatzungs=Truppen.

6. Es gestattet, nicht bei jeder Gelegenheit wo ein etwas
größeres Truppenbedürfniß eintritt, auf die Landwehr
übergreifen zu müssen, was sich mit der Natur der
Landwehr nicht verträgt, die, so wie sie zusammenge-
rufen wird, auch sofort in den Krieg geführt werden
will, aber nur so gebraucht, auch vortrefflich sein wird.

7. Die Formation in zwei Gliedern ist die allein für den
Krieg zweckmäßige. Die Engländer, obgleich die, welche
noch am festesten an der alten Lineartaktik halten, kennen schon lange keine andere. Napoleon führte sie zuletzt sogar mitten im Kriege ein und wir selbst erkennen
sie mit unseren Compagnie=Colonnen für unsere ent-
schiedene Gefechts=Formation an. Wozu also die doppelte Formation, welche nur unnütze Schwierigkeiten für
die Ausbildung schafft und gelegentlich allerhand Verwirrung erzeugt. Unser heutiges Infanterie=Gefecht ist
durch die neuesten Verbesserungen des Gewehrs noch
mehr wie je, entschieden nichts anderes als ein Zusammengesetztes von mehr oder weniger dichten Tirailleur=
Schwärmen und Stößen mit größeren und kleineren Massen. Schon die Befreiungskriege wußten nichts mehr von
der Linien=Taktik, die, so wie man sie sich vom Exer-
zierplatz her denkt, im Kriege eigentlich nie existirt hat,
worüber man Bärenhorst nachlesen mag.

Für jeden aber, welcher Gefechtsverhältnisse aus eigener
Anschauung kennt, deren nur noch sehr wenige sind, oder aus

Studien, deren es immer nur wenige gab, ist wohl kein Zweifel darüber, in welchem Vortheile sich 9 Bataillone zu 700 Mann gegen 6 zu 1000 Mann jedesmal ceteris paribus befinden werden.

Die Jäger, welche seit der allgemeinen Einführung der Zündnadelgewehre aufgehört haben, die Bedeutung einer Spezialwaffe zu haben, sollen uns dazu dienen, einen großen Theil unserer jungen Mannschaft, der jetzt zu Hause bleibt, mit heranzuziehen. Es sind das die Burschen unter zwei Zoll. Bekanntlich marschiren die kleinen Leute am besten, nur müssen sie ihrem Körper angemessen bewaffnet sein und das leichteste Gepäck tragen. So lange aber der Marschall von Sachsen Recht hat mit seiner Behauptung, der Sieg liege in den Beinen der Soldaten, was wohl heute noch weniger bestritten wird, als sonst je, ist leicht zu sehen, welcher Zusatz von Kraft hier vorliegt, der jetzt unbenutzt bleibt. Darum will diese Formation jedem Corps ein Jäger-Regiment von zwei Bataillonen geben.

Würden nun zuletzt auch in jedem Frühjahre die jetzt als überzählig oder aus Berücksichtigungsgründen nicht zur Einstellung kommenden jungen Leute zugleich mit den Rekruten auf 3 Monate eingestellt und so nothdürftig ausgebildet, so wäre wirklich die ganze Nation, wie es unsere Gesetzgebung eigentlich will, bewaffnet, und die Organisation erhielte von der Seite her wenigstens ihre ganze ideale Vollendung.

2. Cavallerie.

Bei der Organisation der Cavallerie schwebt uns noch mehr derselbe Gedanke als leitend vor, welcher die Vorschläge für die Infanterie eingegeben, der nämlich, daß sich durch Ausfüllung eines bestehenden Rahmens durch Erweiterung einer bestehenden Form, aus tüchtigen zahlreichen Cadres eher eine gute Masse schaffen läßt, als auf dem anderen Wege, der zur Ergänzung der Masse mit mangelhaften Mitteln etwas ganz Neues zusammensetzen will, daß also aus acht schwachen Escadrons vollständig mit guten Chargen versehen, sich eher durch Einschieben von Leuten und Pferden acht im ganzen bessere Escadrons bilden lassen, als man nach dem heutigen Systeme mit einem Linien- und einem Landwehr-Cavallerie-Regiment haben wird.

Wir formiren also jedes Cavallerie-Regiment zu 8 Escadrons in 2 Bataillone; die Leute dienen 3 Jahre.

Die Escadron zu 4 Offiziere, 1 Wachtmeister, 10 Unteroffiziere und 75 Pferde.

Das Fehlende zum Kriegsstande von 150 Pferden wird durch Reserven an Menschen und Pferden gedeckt. Die Reserven an Pferden werden auf die Grundbesitzer repartirt oder an sie ausgetheilt. Die Cavallerie erhielte durch einige Jahre mehr Remonten als sie brauchte und gäbe so nach und nach dressirte Pferde zu leichter Arbeit und Unterhaltung an Rittergüter und Bauerhöfe. Es giebt im Lande viel mehr Gutsbesitzer welche sich ein Reitpferd halten, und Verwalter welche reiten, als die Cavallerie Augmentationspferde bedürfte.

Die Cavallerie dient 3 Jahre, reiche Bauersöhne welche ihr Pferd mitbringen, dienten nur 2 Jahre, das würden sie in großer Zahl benützen und die Cavallerie hätte sicher nach 5 bis 6 Jahren so viel ziemlich dressirte Pferde zur Reserve im Lande, als sie zur Kriegs-Augmentation brauchte.

Jedes Cavallerie-Regiment hat 8 beurlaubte Offiziere und 24 Unteroffiziere, welche ebenso wie bei der Infanterie zur Uebung eingezogen werden.

6

Der ganze Unterschied zwischen Linien= und Landwehr=
Cavallerie fiele weg, und wir glauben sicher so eine gleichartige
gute Reiterei zu erhalten, wenn dabei zugleich die ganze bunte
Zusammensetzung wegfiele und es nur eine Art Cavallerie gäbe,
nämlich eine sehr bewegliche. Die Kraft der Cavallerie ist die
Bewegung, wie die der Artillerie das Stehen. Ihrer Natur
nach giebt es nur leichte Cavallerie und schwere Artillerie, eine
schwere Cavallerie und eine fliegende (leichte) Artillerie sind
Widersprüche in sich. Die Kraft der Infanterie ist Gehen so
wie Stehen, daher ihre Universalität, ihre Selbstgenügsamkeit
und ihr gerechter Anspruch, die erste Waffe dem Range nach
zu sein, wie sie es fast zu allen Zeiten war und jetzt und künftig
noch mehr bleiben wird.

3. Die Artillerie.

Für die Artillerie wäre nur dafür zu sorgen, daß sie so
viele Mannschaften ausbildete, um gelegentlich nicht tiefer in
ihre Altersklassen zurückgreifen zu müssen, als die anderen Waf=
fen; sie muß auch nur für die Festungs=Artillerie zur Zeit des
Krieges in's zweite Aufgebot zurückgreifen dürfen, also mehr
Rekruten jährlich ausheben als bisher.

Die inneren Fragen der Waffe den neuen großen Erfin=
dungen gegenüber lassen wir hier unberührt, und begnügen uns
damit, nur zu erwähnen, daß nothwendig das ganze alte Sy=
stem ihrer Bewaffnung einer totalen Umformung bedarf, über
die man sich möglichst bald zu verständigen hat. Uns scheint
es, so weit wir das schwierige Feld übersehen, als müsse das
neue System ein dreitheiliges sein, um drei entschieden ver=
schiedenen Bedürfnissen zu genügen. Zu befriedigen ist aber:

1) das Bedürfniß einer leichten Verbindung mit der In=
fanterie;

2) dann das der möglichst weiten Wirkung mit möglichst
starker Perkussionskraft, und zuletzt

3) das einer Massenwirkung des Feuers auf kleinere Ent=
fernungen, besonders gegen den Angriff mit der blan=
ken Waffe und gegen den Sturm.

Dies dreifache Bedürfniß aber schiene uns zu befriedigen

ad 1. mit der großen Wallbüchse, der sogenannten Amüsette,
als Infanterie=Geschütz. Sie verbindet die größte
Leichtigkeit mit einer ungeheuren Tragweite und Per=
kussionskraft; sie überragt in beiden Eigenschaften weit
die alten Zwölfpfünder. Die angestellten Versuche las=
sen keinen Zweifel darüber.

ad 2. mit dem gezogenen größeren Geschütz. Es ist unent=
behrlich, um in der Schlacht das durch den gezogenen
Lauf und die Spitzkugel völlig veränderte Gefechts=
verhältniß zur Infanterie wieder herzustellen, noch mehr
aber als Festungsgeschütz. Die alten Geschütze können
keine Feldverschanzung mehr vorbereitend angreifen,
können sich gegen die Spitzkugel aus gezogenen Röh=
ren nicht halten, sind im Belagerungskriege außer in
gedeckten Stellungen, wo sie nur auf kurze Distanzen
wirken sollen, gezogenen Geschützen gegenüber völlig
unbrauchbar. Tragweite und Perkussionskraft kann sich
nicht mit den Amüsetten messen, geschweige denn mit
den gezogenen größeren Geschützen.

ad 3. Die gezogenen Läufe haben eine schlechte Wirkung auf
mittlere und nahe Distanzen, haben keine Shrapnels
und keine Kartätschen, und doch ist die Wirkung von

6*

diesen in der Schlacht oft entscheidend. Für dies Bedürfniß erscheint der kurze Zwölfpfünder, die sogenannte
Granat=Kanone, das entschieden beste Geschütz.

Demnach hätte eine künftige Artillerie aus 3 Geschützarten
zu bestehen: aus der Amüsette, der Armstrong=Kanone oder wie
man sie nennen will, und aus kurzen Zwölfpfündern. In wel=
chem Verhältnisse, darüber wären die gründlichsten Erörterun=
gen anzustellen. Die Umformung aber, und mit ihr eine große
Ausgabe, scheint unvermeidlich; hier darf nicht gespart werden,
auch große Ausgaben sind geboten, wenn man sich nicht großer
Gefahr aussetzen will. Die Erfahrungen sind wohl weit genug
gemacht, um ohne Uebereilung vorgehen zu können.

IV.
Schwierigkeiten bei der Ausführung.

Die Schwierigkeiten, welche sich der hier nur leicht skiz=
zirten Organisation entgegenstellen, sind theils innere, in ihr
selbst liegende, theils finanzielle äußere. Beide aber fließen
aus derselben Quelle, aus der nothwendigen Vermehrung des
Standes der Offiziere und Unteroffiziere. Es hat seine, den
höchsten Staatsrücksichten angehörenden Bedenken, jene Klassen
im Frieden so zu vermehren, wie es gefordert wird, und zu=
gleich eine bedeutende Erhöhung des unproduktiven Kriegsbud=
gets eintreten zu lassen. Es scheint bedenklich, eine immer
größere Anzahl der gebildeteren Klasse der Nation, aus welcher
nach unseren heutigen Anforderungen die Offiziere allein ent=
nommen werden können, den anderen Bedürfnissen des öffent=
lichen Lebens zu entziehen, und jede Erhöhung des Kriegsbud=

gets ist, finanziell betrachtet, jedesmal ein doppelter Verlust, wie jede unproduktive Ausgabe.

Eben so schwierig wird es aber sein, aus den niederen Kreisen die erhöhte Menge der so wichtigen Unteroffiziere zu gewinnen. Das Mittel dazu allein in der höheren Besoldung zu suchen, scheint kaum ausführbar, nachdem bei unseren heutigen gewerblichen und industriellen Verhältnissen gerade diese Klasse von Männern überall sehr gesucht ist. Es muß ihnen also eine Aussicht geöffnet werden die ihnen bisher verschlossen war; sie müssen mit einem Worte Offiziere werden und es auch im Frieden bis zum Hauptmann und Rittmeister bringen können, eine Einrichtung, welche auch das vermehrte Bedürfniß an Offizieren verlangt. Es muß also künftig zwei Klassen von Offizieren geben, weil es kein anderes Mittel giebt, das erhöhte Bedürfniß sowohl an Offizieren, wie an Unteroffizieren zu decken. Die größere und frühere Bildung bedingt dabei den Unterschied: die eine, aus dem Unteroffizierstande hervorgegangen, steigt im Frieden nicht höher als bis zum Rittmeister und Hauptmann, die andere ist unsere bisherige und wäre für die höheren Stufen bestimmt.

Freilich wird der Gedanke an eine solche Verschiedenartigkeit der Offizier-Corps auf große Bedenken und Widersprüche stoßen, aber dennoch drückt er die Nothwendigkeit einer nahen Zukunft aus. Ueber die Art, ihn in's Leben einzuführen, mögen sich leicht verschiedene Ansichten geltend machen, über seine Richtigkeit selber aber werden die Meisten, welche genau zusehen wollen, keinen Zweifel hegen.

Es handelt sich hier aber vielleicht, wie so oft im Leben, nur um einen passenden Namen, um die Sache sofort einführen zu können. Man nenne also z. B. die aus dem Unter-

offizierstande hervorgehende Klasse von Offizieren Feldwebel-
Lieutenants und Wachtmeister-Lieutenants, gebe jeder Compagnie
und Escadron zwei solche als Zugführer und dann nur drei
Offiziere, einen Hauptmann oder Rittmeister, einen Premier-
und einen Seconde-Lieutenant, so wäre dem Wesen nach erreicht, wonach man zu streben hätte. Wer unsere Feldwebel
und Wachtmeister kennt, wird nicht daran zweifeln, aus ihnen
eine vortreffliche Klasse von Zugführern entnehmen zu können.
Sie würden das größte Ansehen bei den Leuten genießen. Aus
ihren Reihen hervorgegangen, sähen diese in ihnen ihr Vorbild,
dem sie nachzustreben hätten und dem sie nachstreben würden,
weil sie es erreichen könnten.

Den größten Einfluß aber würde eine solche Einrichtung
auf das Unteroffizier-Corps haben. Wie würde es sich durch
den Gedanken gehoben fühlen, daß ihnen jede Laufbahn geöffnet
ist. Wer aber wüßte nicht, welche wichtige Rolle das Unteroffizier-Corps in der Architektur spielt, auf der das ganze Ge-
bäude ruht; es sind die Fundamente, welche die ganze Last tragen. Wer möchte sie nicht möglichst stark aus dem besten Material machen? Die häufigen Klagen, die man so oft hört, wie
schwierig es sei, ein tüchtiges Unteroffizier-Corps zu erhalten,
würden plötzlich verschwinden, weil sehr Viele bleiben würden,
welche heute forteilen, so wie sie können.

Dieser Klasse von Offizieren fiele dann auch die Hauptsache bei den Rekruten- und Remonten-Ausbildung zu, und die
anderen Offiziere, welche die höhere Laufbahn zu machen bestimmt sind, blieben dann nur für den höheren Theil des Dienstes, für die Führung und den sonstigen Unterricht. Der Premier-Lieutenant wäre immer der Stellvertreter des Hauptmanns,
und der Lieutenant der Aspirant für die höhere Carrière durch

die Kriegsschule und den Generalstab. So hätte man weniger Offiziere für den höheren Dienst und wäre doch gewiß für den niederen vortrefflich versorgt. Im Kriege könnte dann freilich auch jene zweite Klasse von Offizieren zu den höheren Stellen aufsteigen, wenn sie ausgezeichnete Eigenschaften besäßen, die nur der Krieg an's Licht bringt, wie ausgezeichnete Tapferkeit, Entschlossenheit und Umsicht, welche alle anderen der höheren Bildung durch ihren kriegerischen Werth leicht überwiegen. Wer wüßte es nicht, daß man mit einer verhältnißmäßig geringen Bildung ein vortrefflicher Brigade-General, ja wohl noch mehr sein kann, und wer wollte es leugnen, daß der Krieg auch heute bei uns wieder einen Marschall Derflinger aus jenen Rei-hen hervorbringen könnte, und wer möchte der Armee die Ge-legenheit dazu versagen?

Gäbe man jener Charge ein Gehalt von 300 Thalern mit freier Wohnung und Bedienung, so würde sie sich bald mit den tauglichsten Persönlichkeiten füllen. Halbinvalide würden noch leicht als Instruktoren oder in der Militär-Verwaltung und sonst im Civil die besten Dienste thun, sonst aber hätten sie nach 30jähriger Offizier-Dienstzeit das Recht, sich als Hauptleute und Rittmeister mit ganzem oder ⅔ des Gehalts pensioniren zu lassen; bei früher durch den Dienst entstandener Unbrauchbar-keit aber mit einer steigenden Skala, wie sie älter werden. Nichts leichter, als dergleichen zweckmäßig festzustellen, wenn man nur die Sache selbst erst will.

Die zweite Schwierigkeit, welche der Ausführung eines solchen Systems entgegentritt, ist die finanzielle. Es nimmt be-deutende Mittel mehr in Anspruch, als das bisherige; es be-darf nach einem ungefähren Ueberschlage neben einem etwas hö-heren Friedensstand an Gemeinen 800 Offiziere, 300 Feldwebel und Wachtmeister und 2000 Unteroffiziere mehr, und es würde sogar die so wichtigen Chargen der Feldwebel und Wachtmeister besser besolden wollen. Es läßt sich solchen Ausgaben kein irgendwie in Zahlen auszudrückender Vortheil gegenüberstellen, Viele werden von ihrem staatsökonomischen Standpunkte aus sogar sagen, das heiße nur die unproduktive Ausgabe vermehren und also dem Ganzen einen doppelten Verlust zumuthen! Wir wollen die Wahrheit dieser Behauptung nicht wegleugnen, aber es handelt sich hier um die Sicherheit des Ganzen, um das ganze Eigenthum des Staates mit all seinen äußeren und inneren Gütern, und da ist jede Ausgabe nicht nur gerechtfertigt, sondern geboten; und wenn wir also sogar auch noch zugeben, daß es zweifelhaft sein kann, ob der Staat je eine solche Anstrengung all seiner Kraft nöthig haben wird, wozu in der vorliegenden Organisation die Mittel gegeben sein sollen, und mithin um so mehr Maaß gehalten werden müsse in den Ausgaben für die Erhaltung und Schöpfung dieser Mittel, so spricht doch eben diese Unbestimmtheit, worin doch die Möglichkeit des Bedürfnisses liegt, eben so gut für ein sehr hohes, wie für ein niedriges Maaß. In dieser Unbestimmtheit dürfen wir aber wohl daran erinnern, daß, obschon Preußen vermöge seiner Lage und vermöge seiner im Verhältniß geringen Kraft darauf angewiesen scheint, die größte Anstrengung für sein Kriegsbudget zu machen, es dennoch sowohl seinen Staatsgenossen die geringsten Lasten auflegt von allen Großmächten, und wieder von dem Ertrage dieser geringsten Belastung bei weitem die geringste Quote für seine Kriegsmacht verwendete, wenn es auch sein Kriegs-Budget auf 30 Millionen steigerte. Mit dieser Summe aber glauben wir zuverlässig, würde die besprochene Organisation durchzuführen sein, auch ohne, wie wir es leicht könnten, auf

diese oder jene große Ersparniß hinzudeuten, die nicht nur möglich, sondern sogar nützlich wäre.

3. Die Führung.

Es ist eine alte von der Erfahrung ebenso glänzend hier,
als schmerzhaft und bitter dort bestätigte Wahrheit, daß Sieg
und Niederlage zum bei weitem größten Theile von der Führung abhängen, und die Theorie zeigt, daß es so sein müsse.
Das beste Instrument wird nichts leisten, wenn es ungeschickt
gebraucht wird, und eine geschickte Hand kann selbst mit mangelhaften Instrumenten viel leisten. Das beste Instrument wird
in der ungeschickten Hand schlecht, das mangelhafte kann die geschickte bessern, wenn sie Zeit hat, sie kann Fehler des Instruments
unschädlich machen, das beste Instrument aber kann den Mangel der führenden Hand nicht ersetzen. Wenn dem aber so ist,
so scheint es, habe die Vorbereitung zum Kriege, worin sich
doch alle kriegerische Thätigkeit des Friedens concentrirt, für
nichts so sehr zu sorgen, als dafür, daß eben diese Führung
im Kriege eine gute sei, daß sie es nicht an sich fehlen lasse,
und weil dem so ist, so finden wir denn auch überall eine
Menge Anstalten und Einrichtungen, welche dieses erste aller
kriegerischen Bedürfnisse sicherstellen sollen, und die, wenn sie
das leisten können, in der Reihe der Dinge, welche der Friede
zu treiben und zu fördern hat, nicht hoch genug angeschlagen
werden können. Es ist mit einem Worte das geistige Element
des Krieges, um das es sich hier handelt, denn die Führung
ist eben dieses Element, es handelt sich um die rechten Gedanken, die Kraft, welche in der Masse und in der Organisation gegeben ist, richtig zu gebrauchen; es handelt sich um
eine rechte Kenntniß des Krieges. Allgemein verbreitete Kriegs-

kenntniß ist also das Wesentlichste, wonach die auf das Geistige gerichtete Thätigkeit des Friedens am meisten zu streben hätte; in der Richtung könnte nicht leicht zu viel geschehen und nicht leicht zu früh damit angefangen werden. Es handelt sich aber auf diesem Gebiete um Kenntnisse der verschiedensten Art. Von der untersten Stufe bis zur höchsten Spitze hinauf sind es Dinge sehr verschiedener Art, welche gewußt und also gelernt werden müssen, aber Jeder muß etwas wissen; der gemeine Mann muß seine Waffe kennen und zu gebrauchen verstehen, die Elementarbewegungen müssen ihm geläufig sein, damit er den Befehlen mit Leichtigkeit gehorchen kann, damit die künst- liche Maschine in ihren ersten Bewegungsprinzipien leicht und glatt gehe. In dieser Region aber könnte der Unterricht schon auf der Schule beginnen. Alle Knaben haben eine Neigung zu militärischen Uebungen, wie leicht könnte die benutzt werden, sie mit der Compagnieschule bekannt zu machen, wie in den Militär-Knabenschulen und Cadettenhäusern, und mit 18 Jahren könnten die jungen Leute, welche in den nächsten 2 Jahren zur Aushebung kommen, Sonntags Nachmittag auf den Schieß- plätzen versammelt werden, um Unterricht im Schießen zu er- halten; so hätte man Refruten, welche schon halb ausgebildet zur Truppe fämen.

Bei der Truppe gehörte der Winter aber vorzugsweise dem Unterrichte, was um so mehr der Fall sein könnte, da die Refruten erst im April eintreten. Die bessere Bildung der Unteroffiziere wäre eine Hauptaufgabe der Offiziere, um sich hier die Feldwebel und Wachtmeister heranzubilden, aus denen dann die Feldwebel-Lieutenants und Wachtmeister-Lieu- tenants hervorgingen.

Die Hauptsache bliebe aber natürlich die höhere Bildung

der Offiziere. Eingedenk dessen, daß die ganze unermeßlich wichtige Führung, vom Zuge an bis hinauf zum Armee-Commando im Offiziercorps gegeben ist, und von ihm also überall im Kleinen wie im Großen Sieg oder Niederlage abhängt, kann nicht leicht zu viel für die kriegswissenschaftliche Ausbildung der Offiziere geschehen. Es müßte, um sie zu fördern, deßhalb auch Gesetz sein, daß keiner Anspruch auf eine schnellere Laufbahn habe, als der, welcher sich ebenso in seiner wissenschaftlichen Ausbildung hervorthut, wie im praktischen Dienst. Alle höhere Beförderung ginge also durch den Generalstab, als das Corps, welches die wissenschaftliche militärische Ausbildung der Armee repräsentirt. Um dabei aber den ebenso nöthigen Eigenschaften des Charakters und des Geistes ihr gebührendes Recht zu lassen, ohne welche Kenntnisse und Bildung sich oft als unbrauchbar erweisen, müßten diejenigen, welche auf ein schnelleres Fortkommen hinarbeiten, immer beide Wege gehen, den wissenschaftlichen und den des Dienstes in der Truppe. Damit dies aber leicht durchgeführt werde, müßte es im Generalstabe gewisse Chargen gar nicht geben, namentlich keine Hauptleute und keine Oberst-Lieutenants, so daß Keiner die höhere Laufbahn machen könnte, der nicht die Compagnie und die Eskadron geführt, also die Stelle bekleidet hätte, in der sich das praktische Geschick der Führung am sichersten bekundet.

Auf diese Weise wäre die Laufbahn für die höheren Stellen etwa folgende:

2 Jahre Kriegsschule,

2 Jahre Dienst bei anderen Waffen,

2 Jahre Topographie und Generalstabsschule,

   Dann als Premier-Lieutenant in den Generalstab
   nach einer letzten wissenschaftlichen Prüfung.

Nach 2 Jahren etwa, in welchen sich einer so gezeigt, daß er erwarten läßt, ein guter Generalstabsoffizier zu werden, käme er als Hauptmann oder Rittmeister in die Linie und wenn er sich auch an der Spitze der Compagnie oder Eskadron tüchtig und praktisch gezeigt, dann könnte er wieder als Major in den Generalstab kommen, um als Oberst-Lieutenant zuletzt ein Bataillon zu erhalten. Von da an fände sich das andere von selbst.

Auf solche Weise gäbe es eine ziemliche Sicherheit dafür, daß die Armee stets ihre besten Köpfe und ihre geschicktesten Führer an ihre Spitze bekäme. Es müßte aber im Frieden unverbrüchlich fest an der Regel gehalten werden, damit die Ueberzeugung durchdringe, daß jeder sein Fortkommen in der eignen Hand habe, und daß der einzige Weg dazu Fleiß und Anstrengung und Tüchtigkeit jeder Art sei.

Es bedürfte zur Durchführung einer solchen Maßregel einer Bestimmung, daß etwa das 4te Capitäns-Avancement in den Regimentern zur Disposition des Kriegs-Ministers bliebe, sonst aber ginge das Avancement in den Regimentern streng nach dem Dienstalter, ein Prinzip was zur Erhaltung der höheren Disziplin höchst wichtig ist und für deren Aufrechthaltung nichts so bedenklich ist, als wenn außerordentliche Beförderungen nicht nach festen Grundsätzen geschehen und dadurch unvermeidlich den Charakter der Willführ oder der Gunst annehmen.

Wenn wir so glauben dürften auch für die höheren Stufen der ganzen militärischen Hierarchie auf's beste gesorgt zu haben, so wissen wir doch sehr gut, daß alles das, was wir bisher besprochen, Masse, Organisation, niedere Führung, Kenntniß und Wissenschaft immer erst ihren rechten Werth durch die letzte Hand erhalten, welche es nun versteht das starke

wohlgeordnete, zuverlässige Instrument auch auf die rechte Weise
als Künstler zu gebrauchen, durch die Hand des Feldherrn
selbst. Was wird, was kann die beste Arme leisten, wenn sie
nicht gebraucht wird, wenn man sie falsch gebraucht, sie zer-
splittert, wenn ich sie aufreibe an unausführbaren Aufgaben
durch übermenschliche Anstrengungen, durch Hunger und Durst,
Kälte und Nässe. Wir haben noch in unseren Tagen ein
schlagendes Beispiel davon erlebt, wie so alles von der obersten
Führung abhängt, und die Kriegsgeschichte wiederholt uns diese
Erfahrung auf jeder ihrer mit Blut geschriebenen Seiten.
Wir wissen sehr wohl mit dem Dichter, daß, „nur ein Theil
der Kunst gelehrt werden kann, der Künstler aber braucht sie
ganz" daß dieser Theil, der nicht gelehrt werden kann, es
grade ist, der die Kunst zur Kunst macht, und daß der Künstler, hier der Feldherr, das was ihn erst zum Künstler macht
ebenso gut als ein freies Gnaden-Geschenk aus der Hand zu
empfangen hat, aus der uns alle höchsten Gaben kommen, wie
jeder andere Künstler, wie der Dichter, der Maler, der Bild-
hauer, der Musiker und wie die glücklich begabten alle heißen,
wir wissen aber eben so gut, daß für diese schwerste aller
Künste wie für jede andere auch sehr vieles und sehr wesent-
liches gelernt werden kann und gelernt werden muß und daß
die bekannte Rede: ein Feldherr müsse geboren werden, nicht
so zu verstehen ist, als brauche und könne er gar nichts da-
zuthun, um es zu werden, sondern daß auch er es nicht an
Mühe und Arbeit, an Studium und Nachdenken darf fehlen
lassen. Aber so sicher wie der Künstler erst der Schöpfer des
Kunstwerks ist, so sicher ist er doch bei der Ausübung seiner
Kunst an die Mittel dazu gebunden, nur mit dem besten Material wird er Bestes leisten, und gilt das für alle Künstler,

so gilt es in unendlich erhöhtem Maaße von dem Feldherrn. Was könnte er leisten mit einer fehlerhaft organisirten, schlecht bewaffneten ungebildeten Armee, der es an Disziplin, an Tapferkeit, an Kenntnissen fehlte. Es ist nicht genug, daß der Feldherr ein Künstler sei, sondern jeder Führer bis zum untersten hinunter, muß es an seiner Stelle sein und hier zeigt es sich, wie sehr grade der Feldherr von seinem Instrumente abhängig ist. Der beste Fechter wird erliegen, wenn ihm seine Waffe versagt oder in der Hand zerbricht. Dafür nun zu sorgen, daß diese Waffe im besten Stande dem Feldherrn zur Zeit übergeben werden könne, das ist die Hauptaufgabe der kriegerischen Thätigkeit im Frieden, und das ist es, was die Organisation des Heeres leisten soll. Daß sich eine solche aber nur von der Höhe einer vollen Kenntniß des großen Krieges mit allen seinen unzähligen Bedürfnissen und Anforderungen zweckmäßig treffen läßt, darf nicht erst erwiesen werden. Eben deswegen aber ist die Aufgabe auch eine unendlich schwere und bedarf gewiß zu ihrer Lösung der Thätigkeit und der Einsicht der besten von denen, welche etwas davon verstehen. Diese aber wollten wir hiermit gern zum Sprechen einladen, um damit zugleich denen, welche den letzten Entschluß zu fassen haben, ihre schwere Aufgabe zu erleichtern. Wie uns kaum ein gutes Gesetz denkbar erscheint ohne eine weite und breite Besprechung vorher, so noch viel weniger eine gute Einrichtung auf einem Gebiete, auf dem alles was geschieht und nicht geschieht so tief eingreift in das Wohl des Einzelnen wie des Ganzen, wie es hier der Fall ist. Schon Blakstone, der große englische Gesetz- und Staatskundige, hat behauptet, England habe nie ein gutes Gesetz erhalten, welches nicht zuerst in der Presse angeregt oder doch wesentlich durch sie verbessert worden. Dasselbe wird von allen Ländern gelten; die Erscheinung hat ihren Grund in einem allgemeinen Gesetze des Geistes. Keine Maßregel ent= geht ohne eine weite und breite Erörterung, wie sie nur die freie Oeffentlichkeit bietet der Gefahr wesentliche Mißgriffe zu thun. Alle Einrichtungen eines so künstlich zusammengesetzten Wesens, wie es ein moderner großer Staat nothwendig ist, sind so eng und innig mit einander verbunden, daß es auch dem größten Scharfsinn des Einzelnen unmöglich ist, Alles zu übersehen was bei einer neuen Einrichtung zu berücksichtigen ist, bis in welche entfernten Theile des großen Ganzen oft eine auch nur klein und gering scheinende Maßregel hineingreift, wie viel mehr wird dies der Fall sein bei einer, welche die größten Güter aller berührt, Leben, Sicherheit, Ordnung, Eigenthum und des Staates ganze Stellung nach Außen, wie es doch bei den Dingen sicher ist, von denen diese Blätter zu sprechen unternommen. Mit welcher Berechtigung, das mögen andere entscheiden. Giebt aber die Liebe eine solche, so hat es daran wenigstens nicht gefehlt.

Schluß.

Fassen wir nun am Schlusse die Forderung einer Veränderung unserer Armee-Organisation, wie sie jetzt, nachdem sie einmal angeregt worden, so lebhaft hervortritt, noch einmal in's Auge und fragen zuerst nach dem Grunde dieser Forderung, so ist er je nach den Kreisen, aus welchen sie sich vernehmen läßt, ein sehr verschiedener. Die große Masse der Bevölkerung verlangt danach als nach einem Mittel, dem schweren Drucke zu entgehen, der sich bei jeder Gelegenheit, wo ein vermehrter Truppenbedarf eintritt und am fühlbarsten bei einer allgemeinen Mobilmachung, auf sie niederläßt. Dieser Druck aber wird besonders dadurch so empfindlich, daß eine Menge älterer und verheiratheter Leute eingezogen werden müssen, während andere, obgleich jünger und unverheirathet, zu Hause bleiben. Es trifft also die neue Last die, welche schon die frühere, das Dienen überhaupt getragen haben, und zwar nicht, obschon sie jene erste Last, sondern gerade weil sie sie getragen haben, und die Anderen bleiben frei, nicht obschon sie erst verschont wurden, sondern weil sie erst verschont geblieben, deßhalb bleiben sie es wieder. Jene müssen dienen, weil sie gedient haben, und diese bleiben frei, weil sie frei geblieben sind. Etwas Irrationelleres läßt sich aber wohl kaum ausdenken, und das allgemeine Gefühl der Menge hat also gewiß Recht, wenn es die Aenderung eines Systems verlangt, welches solche Härten in sich birgt, und die gewiß auch schon längst zu einer Aenderung geführt hätten, wenn nicht die Zeiten, wo sie sich am fühlbarsten machen, immer nothwendig die wären, in denen eine Aenderung eben so schwierig, wie unwirksam wäre. Im Frieden drängt sich das Bedürfniß nicht auf, und wenn die Armee gebraucht wird, ist keine Zeit zum Aendern. So geschieht denn ganz natürlich eben Nichts; man kann nicht zum Entschlusse kommen, weil jede Einrichtung ihre Schwierigkeiten hat, sich gegen jede etwas Begründetes einwenden läßt, der Tag drängt nicht, und so bleibt es beim Alten. Jene Klagen aber gäbe es nicht, wenn Alle, welche dienen könnten, auch eingezogen und kriegsfähig gemacht würden; dann könnten leicht 3 — 400,000 Mann aus den 5 bis 6 jüngeren Altersklassen gestellt werden, und man hätte nur nöthig, zur Zeit einer Noth, in welcher sich jeder bereitwillig dem Könige und dem Vaterlande zur Verfügung stellt, in spätere Altersklassen zurückzugreifen. Das ungefähr ist es, was die Menge eine Aenderung wünschen läßt, und wie sie sie wünscht. Wie es heiße, ob Landwehr oder Reserve, das möchte ihr ziemlich gleichgültig sein; es handelt sich hier um eine Sache, eine Last, eine Gerechtigkeit, eine Gleichheit der Leistung und nicht um einen Namen.

Andere Kreise wünschten eine Aenderung wohl aus sehr anders lautenden Gründen. Ihnen scheint vorzüglich das ganze Landwehr-System ein fehlerhaftes, für den Krieg unbrauchbares; man möchte wo möglich eine immer marsch- und schlagfähige Armee von 300,000 Mann haben, lauter alte Soldaten, die keine andere Heimath mehr kennten, als die Truppe. Damit lasse sich Krieg führen, aber nicht mit solchen Elementen, deren Gedanken stets nach Hause gerichtet wären, und die

7

also natürlich nur mit halbem Herzen und halber Gesinnung gegen den Feind gingen. Sie lassen sich von ihren Forderungen ungern nur so viel abhandeln, als die nothwendigen leidigen Geldverhältnisse dringend verlangen, und wer wüßte nicht, wie viel Berechtigung in diesen Anforderungen vom rein militärischen Standpunkte aus liegt.

Um so entschiedener diese verschiedenen Anforderungen nun aber nach verschiedenen Richtungen auseinander gehen, um so schwieriger ist der Ausgleichungsproceß, welcher von der höchsten Stelle aus hier wie überall im Staatsleben geführt werden muß. Er ist überall nur auf einem künstlerischen Wege zu führen; seine stete Schwierigkeit macht das Regieren eben zur Kunst, und zwar zur schwersten von allen, von der sich Alle deshalb auch um so lieber entfernt halten, je tiefer ihre Einsicht in die Schwierigkeit der Aufgabe eingedrungen ist; und doch sind nur diese wieder die Berufenen, und die sich dazu drängen, sind es entschieden nicht.

Wo es sich aber nun, wie immer bei einem solchen Ausgleichungsproceß, um eine neue oder veränderte Einrichtung handelt, da müssen zunächst die empfindlichsten Mängel des alten Zustandes sich auf das unleugbarste kundgegeben haben, die Gefahr, sie fortbestehen zu lassen, muß deutlich vor Augen liegen, und eben so muß es sonnenklar sein, daß nun das, was ich an die Stelle setzen will, das entschieden Bessere sei, daß man nicht, indem man ein Uebel abstreift, in ein anderes, vielleicht größeres hineinfalle. Es muß sich nachweisen lassen, daß die Mängel, welche ich los werden möchte, nicht die nothwendige Kehrseite eines noch weit größeren Guten sind; dann erst, wenn ich dessen sicher bin, darf ich an eine Aenderung denken, und nicht hastig zufahren, indem ich immer blos auf das Uebel sehe.

Welches sind nun aber die Uebel, über welche man sich bei unserer heutigen Armee=Einrichtung beklagt? Wir wollen versuchen, sie offen und ehrlich zu bezeichnen. Der Starke kann ein offenes Bekenntniß seiner Schwäche ablegen, es ist eben nur die Schwäche des Starken, die wir. zu bekennen haben, um ein erhöhtes Gefühl unserer Stärke zu erwerben.

Eine erste Hauptbeschwerde gegen unsere bisherige Heeres-Organisation geht also nach Obigem dahin, daß sie es nicht gestatte, alle zur Einstellung tauglichen jungen Leute wirklich einzustellen, daß sie vielmehr zwinge, die Hälfte der jungen Mannschaft zu Hause zu lassen, die nun gar nicht zum Dienst herangezogen werde, und daß mithin so die schwerste Last, welche der Staat seinen Bürgern auflegt, sich auf die aller= ungleichste Weise vertheile, gleichviel, ob durch das Loos oder nach welchen Bestimmungen sonst. Liegt nun das Uebel hier im Systeme oder nur in der Art, wie man es handhabt? Die Anzahl der jährlich einzustellenden Rekruten wird nicht nach ir= gend einem in der Sache oder in den Verhältnissen liegenden Maaßstabe, sondern sie wird nach einem willkürlich gemachten Bedürfnisse der Truppen an Rekruten berechnet, dem eine ganz willkürliche Annahme über die Zeit zum Grunde liegt, welche nöthig sei, die Mannschaft zweckmäßig für den Krieg auszu= bilden. Was man aber hier einübt, wozu man die Zeit fordert, hat für die Kriegsausbildung des Mannes häufig nur einen sehr unsicheren Werth. Wer ist denn besser ausgebildet für den Krieg, der, welcher nicht ganz sicher nach der Schule exercirt aber gut schießt und mit Muth auf den Feind losgeht, seinem Vorgesetzten willig folgt, wohin er ihm den Weg zeigt, nicht von der Stelle weicht, wo es gilt Stand zu halten, oder der, welcher alle Künste des Friedensdienstes vollkommen inne

7 *

hat, aber wenn es darauf ankommt, es an sich fehlen läßt. Wie verhält sich die sogenannte Dressur zu den großen Eigenschaften des Soldaten, welche ihm erst seinen Werth geben, zu der Tapferkeit voran und zuerst, und dann zum Gehorsam, zur Bereitwilligkeit im Ertragen der höchsten Anstrengungen und größten Entbehrungen, wie sie der furchtbare Krieg oft fordert. Mindestens stehen diese Eigenschaften nicht im geraden Verhältnisse mit der sogenannten Dressur, alle Kriegserfahrung aller Zeiten und aller Völker spricht dagegen.

Wenn es aber unabweisbar ist, sich eines der ersten Bedürfnisse aller Kriegsführung zu versichern, der Zahl nämlich, der Masse, wie man es in der Kunstsprache bezeichnet, so darf dagegen wohl ein so zweifelhaftes Gut, wie die etwas bessere Ausbildung in dieser oder jener Fertigkeit entschieden zurücktreten. Dürfte es Jemanden geben, der nicht lieber 300,000 Mann haben wollte, die nur 2 Jahre gedient haben, als nur 200,000 mit 3jähriger Dienstzeit? und so und nicht anders heißt doch die Aufgabe, die gestellt wird, die Wahl, welche zu treffen ist.

Es wird behauptet, es gebe bei uns in Preußen jährlich 60,000 einstellungsfähige junge Leute. Wenn sie 3 Jahre dienen sollen, so müssen ohne Chargen 180,000 Mann im Frieden unter den Fahnen bleiben. Sind dazu auch nur die finanziellen Mittel vorhanden? und wenn sie es wären, wäre es aus anderen sehr hohen, ja aus den höchsten Staatsrücksichten zu rechtfertigen, daß man im Frieden eine solche Masse unter den Fahnen behielte? Wir glauben sicherlich nein, auch wenn der Vortheil nachweislich größer wäre, als er es je sein wird. Mit zweijähriger Dienstzeit bei der Infanterie aber wäre es wohl durchzuführen, alle Waffenfähigen auch einzustellen, nur für die Chargen wäre in gehöriger Anzahl zu forgen. Der gegen unſer gegenwärtiges Syſtem erhobenen Klage an dieſer Stelle iſt alſo mit großer Leichtigkeit abzuhelfen, und um ſo leichter, als das Mittel dazu lange Zeit ſchon beſtanden hat und damals darin Niemand einen Uebelſtand entdeckte. Dieſe oder jene mißliebige Erſcheinung neuerer und neueſter Zeit aus der kürzeren Dienſtzeit herleiten zu wollen, ſcheint uns aber um ſo mehr abſolut ungerechtfertigt, als ſie ihren einfachen und natürlichen Erklärungsgrund in ganz andern ſehr obenauf liegenden Urſachen hatte.

Wir läugnen alſo keineswegs den Uebelſtand, aber wir läugnen die Stichhaltigkeit des Grundes, der ihn herbeiführt, wir läugnen, daß es dreier Jahre ununterbrochener Dienſtzeit bedürfe, um einen Infanteriſten kriegsfähig zu machen. Mit zweijähriger Dienſtzeit bei der Infanterie iſt aber das Uebel gehoben und unſere Wehrverfaſſung einen großen Schritt der ideellen Vollendung näher geführt, welche die Geſetzgebung mit der großen Anforderung der allgemeinen Dienſtpflicht ohne Stellvertretung entſchieden beabſichtigt und möglich macht, und dazu würden, wir ſind deſſen ſicher, beide Häuſer des Landtags bereitwillig die Mittel bewilligen.

Eine andere Hauptklage gegen unſere heutige Wehrverfaſſung trifft aber die Landwehr. Es ſei eine unzuverläſſige Truppe, weil ohne geſicherte feſte Disciplin, und dazu komme noch das Schlimmſte, die Landwehr-Cavallerie, bei der zu den andern Mängeln noch die undreſſirten, zum Theil auch ſchlechten Pferde hinzuträten. Eine Truppe aber ohne ſtrenge Disciplin, mit ſchlechtem Material verſehen, ſei ſchlimmer wie gar keine. –

Wir laſſen die Erörterung über das wahre Maaß dieſer Klagen bei Seite, nehmen ſie ſogar theilweiſe für begründet an und fragen nach den Ursachen der Erscheinung, um vielleicht die Mittel zur Abhülfe zu finden.

Was kann denn aber die Ursache jener Erscheinung sein? Unsere Landwehrleute bilden unbedingt den Kern unserer Mann= schaften, sie sind, im kräftigsten Alter von 25—32 Jahren, so geübt, daß, wenn sie nur einige Tage unter tüchtiger Führung beisammen sind, sie alles leisten, was man nur von einer gut dressirten Truppe erwarten kann. Es liegt also am Willen, nicht am Können. Die Leute wollen sich der so nöthigen Dis= ciplin nicht unterwerfen und doch macht diese erst eine Truppe zur Truppe. Wenn die Erscheinung gegründet wäre, was wir aber im Ganzen und Großen entschieden läugnen, so müßten wir sagen, sie haben eine schlechte Schule gemacht, wenn diese ihnen die erste militärische Tugend, den Gehorsam, so schwach eingepflanzt hätte, daß sie bei der nächsten Prüfung sich als unzuverlässig zeigte, und wir wären dann so schlimm daran, daß es schwer sein möchte, aus der Bedrängniß heraus zu kommen. Das ist ganz richtig, heißt es, die Leute dienen nicht lange genug, damit der strenge, unweigerliche Gehorsam bei ihnen zur Gewohnheit werde, in Fleisch und Blut übergehe. Drei Jahre sei das Mindeste, was dazu nöthig sei, und länger wäre noch besser.

Wäre das wirklich eine bewährte Erfahrung und mehr als eine willkürliche, ja vielleicht sogar völlig falsche Annahme? Wir haben wenigstens oft gehört, daß ganz im Gegentheile die Rekruten und die noch nicht durchgebildeten Leute im zweiten Dienstjahre die willigsten, also auch die gehorsamsten sind, wo= gegen in den Compagnien die Meinung ziemlich verbreitet ist, daß die Leute im dritten Jahre oft widerwillig sind, sie haben nichts mehr zu lernen und sehnen sich nur nach Hause. Keiner behauptet, daß um dessen willen, was zu lernen ist, ein drittes

Dienstjahr nöthig sei; es sei nur nöthig, um den Mann, was man nennt, zum Soldaten zu machen. Wenn wir aber recht unterrichtet sind, so diente in der alten preußischen Armee vor 1806 kein Landeskind zuerst länger als 3 Monate als Rekrut und kam dann nur im Frühjahr und Herbst 14 Tage bis 3 Wochen zur Uebung.

Die Armee von 1813 bestand nur aus Leuten, die 1 Jahr gedient hatten, und die Landwehr waren Rekruten von 3 Monaten; Napoleons ganze Armee von Lützen und Bautzen ebenso. Es kann also die dreijährige Dienstzeit bei den Infanteristen keine Nothwendigkeit sein, um eine kriegstüchtige Armee zu haben, und der Fehler muß also, wenn er da ist, wo anders liegen. Und so ist es auch; er liegt zuerst in dem, daß wir seit Jahren in Folge der dreijährigen Dienstzeit nur so wenig unserer jungen Mannschaft einstellten, daß bei einer Mobilmachung bis in die ältesten Klassen der Mannschaften, also in die Masse der verheiratheten Leute zurückgegriffen werden mußte, darin, daß bei unserer Landwehr nicht das rechte Verhältniß der Tüchtigkeit, der Sicherheit, wie sie auf Kenntniß und Uebung ruht, zwischen Führern und Geführten stattfindet. Es giebt für die Disciplin aber nichts Schlimmeres, als ein solches Mißverhältniß. Gehorsam ruht wesentlich auf geistiger und sittlicher Ueberlegenheit des Befehlenden, tritt da die höhere bürgerliche Stellung hinzu, so ist er fest gesichert. Der Vornehme, wenn er jene Ueberlegenheit des Geistes und Charakters mitbringt, welche die Sicherheit des Befehlens giebt, findet den willigsten Gehorsam, hat den größten Einfluß. Daher das Bedürfniß des Staates, daß die vornehmen Stände an jenen Regionen des öffentlichen Dienstes, wo der Gehorsam der Nerv des Ganzen ist, sich betheiligen. Der Vornehme, der sein Leben jeden Augenblick einsetzt, reißt durch sein Beispiel die Masse unwiderstehlich mit sich fort. In allen diesen Dingen nun liegt der Fehler unseres heutigen Landwehrsystems: wir ziehen alte Leute ein und lassen junge zu Hause. Offiziere und Unteroffiziere haben über die in der Armee ausgebildeten Leute nicht den Grad von Ueberlegenheit aller Art, welcher den willigen Gehorsam erzeugt. Dafür also sorge man, daß sich das ändere, man sorge dafür, daß alle Leute dienen, daß die Landwehr mit den besten und tüchtigsten Offizieren und Unteroffizieren versorgt werde, daß der vornehmere Theil der Nation, besonders die Rittergutsbesitzer und ihre Söhne noch länger als die anderen sich dem Dienste wenigstens im Kriege nicht entziehen. Der Adel zeige auch hier, daß er es mit seiner Devise ernst nehme, daß er das noblesse oblige nicht umkehre in Fordern und Genießen, dann wird die Landwehr das sein, wozu wir unsere Grenadier-Bataillone erheben wollen: die Elite der Armee, worauf sie durch die Beschaffenheit der Mannschaft alle Ansprüche, wozu sie alle Mittel haben. Dann wird es weniger auf diese oder jene Form ankommen, es heiße Reserve- oder Landwehrsystem, die Sache ist dieselbe. Was man wollen muß, ist deutlich bezeichnet, man muß alle Waffenfähigen ausbilden und muß ihnen eine intelligente Führung sichern, das sind die Angelpunkte jedes guten Systems. Ein System, welches das leistet, ist ein gutes, ist das bestmögliche, jedes andere ist mangelhaft. Ueberall aber, wo nur erst die Aufgabe klar und einfach gestellt ist, ist auch die Lösung bald gefunden. Ob es uns hier gelungen, sie zu finden, das ist die Frage, die Jeder nach seiner Weise beantworten mag.

Gedruckt bei Julius Sittenfeld in Berlin.